50過ぎたら、お金は賢く、心はぜいたく

沖　幸子

祥伝社黄金文庫

本書は二〇一九年一月に小社から単行本で出版された
『50過ぎたら、お金は賢く、心はぜいたく』を文庫化したものです。

プロローグ

掃除会社を始めて34年になります。

平凡な勤め人だった私は、いつかビジネスを自分でやりたい夢があり、そのための資金を当時の収入の中から少しずつ貯めることにしたのです。

〝素晴らしいアイデア〟をお金のためにあきらめたくない。

かといって、お金を貸してくれる人も担保もない。

今でこそ新ビジネスに投資してくれる公的な支援も金融機関などの環境も充実していますが、当時は、海のものとも山のものともわからない、しかも未経験の女性に、お金を貸してくれる奇特な人や金融機関は皆無《かいむ》。

ましてや肉親からも「わけのわからないこと」と突き放されてしまったのです。


他人のお金に頼らず、やりたいことの夢の実現は〝自力本願〟しかない。

ただ、日々の暮らしを犠牲にしてまでお金を貯めない。

自分の身《み》の丈《たけ》を知り、当時の勤め人としてのわずかな定収入から無理のない一部を貯蓄に回し、お金に振り回されないように、お金に執着しないよう心に決めていました。


お金は現実です。

今の自分の経済状況を自覚することが大切。

お金がなければ、どんなに素晴らしくやりたいアイデアも現実に生かせない。

借金ではなく、自分のコツコツと貯めたお金を使うことしか選択肢がなかったことが幸いしました。

自分の貯めたお金を使い、なくなったらやめればいい。

劣悪な社会環境は、時として勇気と元気をもたらしてくれる。

少なくても自分のお金なら、失敗したらどうしよう、というお金の心配や不安もなく、誰にも気兼ねなく自由にのびのびと、やりたい事業を展開させることができる。

夢の実現に、お金とともに必要なのは、エネルギーと行動力。

行動しながらいつも財布の中身を確認することも忘れない。

幸い、貯金をほとんど使い切ったころに事業が軌道《きどう》に乗り始めました。

同時に自分の全財産をぱっと使い切った爽快感と満足感もあります。

誰にも頼らず、夢を現実にした言葉では表わせない達成感も。


自分の事業のため消費した私のへそくりが、そのままだとわずかな利子くらいしか生まなかったお金が、チャンスを生かすきっかけになったのです。

収入が少なくなった分、暮らしの工夫も生まれ、お金で換算できない心の充実や豊かさも得ることともできました。

お金の意義、それは上手に使えば誰にでもチャンスを生かせ、夢を実現できること。お金があるから幸せではないことも知りました。

夢の実現に向かって奔走《ほんそう》する日々は、心が満ち足りているからこそ、お金がなくても幸せで豊かだったのです。

今はお金に関しても情報過多の時代。

年を重ねるごとにお金の不安を抱えてしまいます。

老後の資金は足りるかどうか。

病気になったら？

介護の費用は？

——などなど情報に振り回され、心配すればキリがないくらい不安だけが膨《ふく》らんでいきます。


豊かな国の象徴だった古代バビロンの民の教え。

それは、今の収入の範囲で生活をする。できれば、少しでもその一部を残す。そのためには徹底的にこれまでの暮らし方を見つめ直し、知恵を絞って工夫する。そうすれば財布が膨らみ、貧乏の不安から解消されるというわけです。

もちろん、健康に気を配り、体を動かし働く。

〝稼ぐに追いつく貧乏なし〟

日本の昔からの言い伝えにも通じるところがあります。

お金は気を許せばいつも心に魔法をかけてきます。

ほんの一瞬お金のことを気にするだけ、あとは執着せずこだわりを捨ててはじめてお金への不安やストレスという魔法から解放されるのです。

なけなしの自分のお金で得たビジネス経験は、年を重ねた今でも、私の人生にたくさんの喜びをもたらしてくれています。

思い返せば、多くの失敗も不安もお金に縛《しば》られなかったからこそ「アハハ」と笑い飛ばせたのかもしれません。

私のつたない暮らしや小さなビジネス経験が、ほんの少しでもこれからのあなたとお金の付き合い方を変えるきっかけになれば幸いです。

目次

3章　すっきり軽やかな〝買いものの賢人〟　95

5章 少しのお金で、元気な体と豊かな心 171

写真　半田広徳
スタイリング　沖幸子
デザイン　五十嵐久美恵 pond inc.

ボストンで見つけた大好きな犬の小さな置物。見るたびに愛犬ドンキーを思い出しながら、横の貯金箱に1円ずつ入れるのが楽しみ。

玄関はいつもすっきり。毎朝空気を入れ替え、香りのする生花で気持ちも爽やかに。

床にはなるべくものを置かないので、
いつも部屋中に清潔感が溢れて掃除も
簡単。

そうじ道具は、いつも簡単に取り出せるように。見せるインテリアを兼ねればすっきり感もあり、部屋が美しく見えます。

ドアの前にはものを置かないので、開閉が簡単。空気の入れ替えも出入りも簡単にできます。

どんなときにも、キッチン仕事が楽しくなるように、見た目も美しく清潔を心がけて。

心も体も健康な暮らしは、清潔な水回りから。使ったあと、さっと拭く習慣でいつも快適です。

食材の残りを使った料理の数々。楽しみながら増やすと頭の体操にも。

旅の思い出に集めたマイコレクションの小さな絵皿。一枚ずつ交代で飾り、部屋の気分転換も兼ねて。

新鮮な果物や野菜は、部屋の消臭を兼ねた“食べるインテリア”。なくなれば買い足す目安に。

1章

上手にお金と向き合う

お金と幸せを混同しない

お金について考えるとき、〝お金があれば、幸せになれる〟と考えないことです。

お金はあくまで、何かの目的を達成するための手段。

それを頭ではわかっているつもりでも、気がつくと人は無意識にお金にとらわれてしまいがちなもの。

もちろん、充分にお金があれば、安心感は生まれますが、執着しすぎれば節約や貯金を頑張ろうとすること自体が人を不幸にすることさえあります。

私の場合も、お金があるときが幸せなときかというと、それは違いました。

今思えば、お金がなくても、新しいビジネスに燃えているときは、最高に心が充実していて幸せでした。

日々、満ち足りていることに感謝しつつ、自分にとって本当に大切なことに専念すること。これが一番幸せだと思います。

もしかすると、お金があるから幸せになれるのではなく、幸せだからいつの間にかお金が入ってくるのかもしれません。

お金の意義を忘れずに

お金について考えるとき、気がつくと貯めることに固執して、心も暮らしも窮屈《きゅうくつ》になってしまうことがあります。

お金は貯めるためのものではありません。

上手に使うためにあるものです。

ある程度のお金は消費しないと、人も社会も貧《まず》しくなります。

もののもお金もある程度循環《じゅんかん》させないと新しいものは生まれないし、暮らしが活性化しないのです。

かつて、コツコツ貯めた私のへそくりも、夢の実現のための事業資金になり、それが現実生活に何倍もの価値を生んで戻ってきました。

かりに、全財産を使って失敗に終わったとしても、何かの経験が残り、私の人生を価値あるものにしてくれたことでしょう。

自分の未来への投資が、利益だけではなく何倍もの充実した新しい世界を私に経験させてくれたのです。

どんなお金も、その使い方次第で、チャンスを生かすきっかけになりえます。

人生最大のチャンスへとつながるきっかけに。

お金は、単なる支払いの道具ではありません。

お金の増減の数字だけを気にしていると、いつの間にかお金の〝魔法〟にかかり、知らないうちに不安や心配が募《つの》ります。

貯めることも大切ですが、どういう使い方をするか、上手な付き合い方を模索しながら、お金そのものというよりも、仕事や生活に目を向けて、様々な工夫や知恵を楽しむことです。

現金主義

お金を使うとき、心が整っていないと、衝動的にムダ遣いをしがちになります。結局使わない、場所ばかりとる、そんなものを買ってしまうことも多いもの。だからこそ、私はものを買うときはできるだけ現金にしています。

たしかにカードは便利です。クレジットカードや電子マネーを使えばすぐ決済できますし、小銭を探す手間もありません。

とはいえ、そこはバーチャルの貨幣《かへい》。気持ちが大きく緩《ゆる》くなり、つい現金の何倍も使ってしまいます。

まずは、今お財布の中にある現金以上のお金は使わない、と心がける。

それだけでも無理な借金やカード返済などと無縁の生活が送れます。

現金主義は、自分の財力以上のものが買えないので、つつましい生活の象徴です。

借金ばかり繰り返す人は、いくら派手な生活をしていてもお金の使い方の達人とは言えません。

人付き合いはいいかもしれませんが、見栄や体裁《ていさい》ばかり気にして、身の程を知らず、カード払いばかりしていると、ムダを省いて節約する気持ちが欠けてくるようです。

クレジットカードは偽りのお金

現金主義にプラスして、銀行やデパートなどのクレジットカード、電子マネーや仮想通貨は本物のお金ではない、と考えてみましょう。

現金ならば、手で触れて一枚二枚と数えることができますが、カード上のお金は確かめることはできず、まして支払っている実感も認識もない。

カードを使う自分自身をコントロールするのが難しいのです。

十数年前、事業が軌道に乗ったころ、海外旅行などの手配に便利なので、クレジットカードのグレードを切り替えたのですが、使える上限の金額がかなり高額になり、ますます心してカードに向き合わなければ、と気持ちを引き締めたのを覚えています。

数年経って、今度はブラックカード（無制限！）のオファーがあったが、これはさすがにキッパリ断った。

いくら高額のものが買えるとはいえ、カードのお金は〝バーチャル〟なので、油断大敵です。

いつの間にか〝夢想のお金〟の世界に迷い込み、現実と夢との境がわからなくなって、歯止めが利かなくなればカードローン地獄に陥ることさえあります。

数年前に観たアメリカ映画で、買いもの中毒の主人公の女性が、安易なカードでの買いものから自らを更生するために考えた苦肉の策。

なんと、自分のカードを冷凍室に入れ、凍《こお》らせて使えなくしてしまうのです。

自分の資産を文字通り〝凍結〟させる。

どうしても使いたくなってもすぐには解凍できない。時間がかかる。

そのうちの何枚かは実際に磁気がおかしくなり使えなくなってしまう。

やがて解凍する時間を待っているうちに、買いもの意欲が失せてしまったりする。


フィクションですが、このくらいしないと買いもの中毒は抑えられないのです。

自分は大丈夫、と思っていても、バーチャルなお金を使う人は、現金主義の人より少なからず浪費が増えています。

カードでの支払いは、所詮、夢の中のお金、現実ではない。

カードという悪魔の甘いささやきに心を許し、安心してはいけないのです。

財布には必要な現金だけを

〝現金主義〟でいくら気をつけていても、たくさんの現金を持ち歩いていては、浪費してしまう心のクセは直らないもの。

ですから、ただの現金主義ではなく〝必要な現金以外は持ち歩かない〟ことが大切。

現金なら持っていなければ使うことができません。

浪費グセも嫌でも直ります。

買うものの予算をあらかじめ決めて、それ以上のお金は持たないこと。

クレジット機能のないポイントカードのみ持参し、クレジットカードや銀行のキャッシュカードはわざと財布から抜いておくのです。


店でも予定の金額の範囲内で買うものを選んでみます。

買う予定の小松菜が高ければ、タイムセールの水菜かほうれん草など同じように栄養のある他の野菜に変更する気持ちを持つと、ゲーム感覚で楽しめます。

予定より低い金額で、栄養価の高いお買い得品の野菜が一種類余分に手に入るかもしれないのですから。

余分な現金を持ち歩かない習慣は、あれもこれも買いたい誘惑に負けず、予算内で脳を働かせて買いものする〝やりくり上手〟への近道なのです。

もの忘れが気になる年配の方にとって〝認知症予防〟にもなりそうです。

1万円札をお守り代わりに

お金は賢く使いたい、それでいて心も満たされる毎日にしたい。
そのためには、後悔するような散財は避けたいもの。
私には、余計な出費を抑えるうえで大事にしていることがあります。

・日常の買いものはなるべく1000円札以下を使う
・1万円札を崩すのを避けるため、財布の中に1000円札を数枚余分に入れておく
・1万円札を出すときは「どうしても必要か」「買うべきものか」考える

つまり、私がしているのは、大きなお札を大切に扱う習慣。

理想は、使わない1万円札がいつまでもお守りのように財布の中に残っていること。

ちなみに、私の財布の中には2000円札が三枚、この数年守護神のように張りついている。

なるべく2000円札に手をつけない努力をした結果なのです。

日々のつつましいお金への気持ちは、余分な出費を抑え、いつの間にか無理なく自然とお金が集まることにつながるのです。

わずかな金額をバカにしない

大きなお札を大切にすることはもちろん、少額のお金ならば使い放題でいいというわけではない。

大きなお金を安易に使ったときのダメージは大きいですが、少額でもムダ遣いをすればジワジワと家計に響いてきます。

食料品は、ポイントが付くカードを提示、ポイントを貯め、他のものを買うときの値引きに役立てる。

どうしてもクレジットカードが必要というときでも、決済は利息が付く分割払いは避ける。

「チリも積もれば山となる」ので、1ポイントも1円もムダにしない。

買いものをするときは、財布の中身と通帳の残高をざっくりと頭に浮かべながら。

わずかな金額でも積もれば山となり、バカになりません。

若いころの収入がほとんどなかったときを思い出し、よく吟味《ぎんみ》して上手にお金を使う意識を持ってみると、懐かしさや新鮮さも手伝って節約も意外と楽しめるものです。

月ごとのお金の出入りをチェック

自分は毎月いくら収入があり、いくら使える財力があるのか。

重要なのは、「収入」と「支出」のバランスがとれているかどうか。

お金の魔法にかからないためにも、ときには本気でお金に向き合うことは大切です。毎月何にいくら使い、どれだけ残るのか、あるいは残らないのかを把握しておきましょう。

「お金は余ったときに貯金する」のは、お金に愛されない人の典型です。

これでは、何にお金がかかっているか、どこでムダ遣いしているかがわからない。ムダを省いて余分な出費を抑えることができません。

パソコン入力でもいい。紙と鉛筆を使ってもできる。

収入はいくらで、何にいくら使っているのかを書き出してみる。

電気代やガスなどの固定費、ローンの返済額、家賃や税金、食費、医療費、衣服費などなど。

まずは、大体のお金の出入りを把握するのです。

これだけの作業で、お金の不安が減り、心がずいぶん軽くなるはず。

もちろん、現在の自分の財布の中身と財力がはっきりするので、ムダにお金を使うのを控えるようになります。

お金は借りない

毎日を前向きに元気に活動するためには、やはり他人からお金を借りないことです。たいていの人は借金があると、それを恥じて引け目を感じるからでしょうか、自信がなくなってしまうのです。

また、他人からわずかな金額でも借り続けると、気持ちがマヒしていつの間にか多くの借金で首が回らないということになりかねません。

カード払いも、借金だという感覚が乏《とぼ》しいだけで、借りていることには変わらないので同様です。

そもそも、つい最近までほとんどの日本人はすべて現金主義でした。

わが両親の時代は、他人にお金を借りてまで欲しいものを買う習慣はなかったのです。

お金がなければ買わない。

つつましい暮らしをあたりまえに受け入れ、収入以上の暮らしはしない。

ただそれだけ。簡単でシンプルです。


もちろん、高額な住宅ローンのように、借りないことが難しい場合もあるでしょう。

私も銀行の紹介で住宅ローンを借りて自宅を手に入れました。

それでも、住宅ローンを借りていた間、できるだけ出費を抑えて暮らし、繰り上げ返済できるように一生懸命に働いて余分な利息や手数料を節約したものです。

そういう場合は、借金をモチベーションに変えてしまいましょう。


やはり、住宅ローンであっても、心のどこかには借金をしている後ろめたさがあるものです。

生きている限り他人から借金をしない。

不必要なローンは組まない。

そう決めると、お金に対して爽《さわ》やかな気持ちで過ごせるものです。

貯金は〝楽しみながら〟

お金は大好きにならなくてもいい。

でも、憎んでも否定してもいけない。

好かれる努力をすればいいのです。

出費を抑えるのは大事ですが、真面目一辺倒《いっぺんとう》での節約はだんだんと苦しくなるもの。

陰気にケチケチしていては、お金にも人にも好かれません。

反対に、いつも明るくひたむきに努力をし、心を注いだ生き方をする人は、誰の目にも魅力的です。お金だってそういった魅力的な人に集まります。

お金のないことを嘆《なげ》いたり恨《うら》んだりするヒマがあれば、少しでもお金を楽しく大切に扱い、味方につけることを考えましょう。


私は、上京して航空会社に勤め始めたころ、〝絨毯《じゅうたん》貯金〟を始めました。

タンス貯金の真似事です。

そのころは、給料は現金支給があたりまえ。毎月いただいたら、一定の額（少額）を絨毯の下に入れるのです。

きっかけは単純。遠く離れた郷里《きょうり》に住む家族に何かがあったとき、いつでもすぐ駆けつけるための交通費。

今のような便利なカードもない時代、現金だけが頼りだったのです。

そうこうするうちに、何事もなければいつの間にかまとまった額になります。そうしたら、数カ月単位で銀行に預けるのです。

この習慣は、「つい、使いすぎた」を防げ、気がつくと無理なくまとまった額が貯まっています。

「余ったら」ではなく「給料をもらったらすぐ」、これがいいのです。

お金も人も、大切に扱ってくれる人が大好きなのですから。

今は、さすがに、絨毯貯金はしませんが、「500円玉貯金」や「1円玉貯金」は楽しい習慣です。

「500円玉貯金」は、寄付やぜいたく品を買うために、「1円玉貯金」は、全額初詣《はつもうで》のお賽銭《さいせん》です。

1円玉は消費税が8％になってから財布の主人公になりがち。

毎晩数円を貯金箱に入れることにしたのです。

ちなみに、1年で、「500円玉貯金」は、いつの間にか15万円くらいに、「1円玉貯金」は、貯金箱の大きさにもよりますが、数千円になります。

鷲《わし》づかみにした大量の1円玉を、新年の空（お賽銭箱）に向かって豪快に「えいや」と投げ込むと、「今年も頑張るぞ」と身も心も引き締まる。

世のため、自分のための〝楽しい貯金〟は、心がわくわく喜び躍《おど》ります。

〝ないこと〟を面白がる

有り金全部を使って事業を始めたとき、買えるものと言えば日々の食材と消耗品だけの貧乏な毎日。

しかし、夢追い人の気持ちで、少しも苦にならず、むしろどこまでどん底生活に挑戦できるかを楽しんで面白がっていたような気がします。

ずっと貧乏生活が続くわけがない、いつかきっとバラ色の人生が待っている、などと思い描いていたのです。

そのころのつつましい生活は多くのことを教えてくれました。

働いて収入を増やすこと同様、支出を減らすことも大切なのだと。

小さなお金を粗末《そまつ》にしない。

お金は考えながら上手に生かす。

ゆとりができた今でも、ものを買うときは、収入の少なかったころを思い出し、よく考えて行動するようにしている。

貧乏生活では暮らしの工夫もいろいろ生まれました。

お金がなくても知恵を駆使すれば豊かな暮らしは生み出せます。

つつましい生活の基本は〝エコ〟的に暮らすことにつながります。

後ろ向きの〝もったいない〟ではなく、前向きの豊かな〝もったいない〟気持ちが大事なのです。

無理のないエコ生活

ないことを面白がると言っても、私だってやせ我慢で頑固一徹《がんこいってつ》にケチケチ生活を送りたいわけではありません。

程度は人それぞれでいい。

無理のない範囲で自分の身の丈に合ったエコ的な暮らしを楽しむのです。

それが自然体で一番長続きします。

たとえば、キッチンの布巾《ふきん》。

ペーパータオルより布を使ってみてはどうでしょう。

洗って繰り返し使い、古くなれば、床拭《ゆかふ》きにもトイレ磨きにも応用でき、ぼろぼろになるまで使い切って土に戻す。

ものを最後まで丁寧《ていねい》に使う過程で〝もったいない〟気持ちが自然に身につくのを感じるのも嬉しい。

もちろん余分な道具も増えないし、ムダな出費も減る。

こうした繰り返し使う〝リユース〟の精神は、ものや出費を減らす〝リデュース〟にもつながるのです。


〝もったいない〟エコ意識が高まると、再利用されたリサイクル商品に関心を持ちそれらを選ぶようになるもの。

欲しい衣類や道具が出てくれば、リサイクルショップを覗《のぞ》いたり、不用品売買サイトを見たりするようにもなります。

先日も若い知人が新品同様の高級ベビーカーを10分の1の値段でゲットしたと嬉しそうに話してくれました。

もちろん、丁寧に使い、いらなくなったらまたネットで売るという。

さらに、その若い夫婦は赤ちゃんのおむつは面倒でも繰り返し使える昔ながらの布のおむつが中心とのこと。旅行や外出のときだけ紙おむつにしているので、月々のおむつ代が節約できると言っていました。

やりくり上手な人を参考に、何気ない暮らしの中に、〝リユース、リサイクル、リデユースのエコ精神〟を取り入れてみてはいかがでしょうか。

昔のおばあちゃんの知恵も上手に活用してみると、発見がたくさんあるかもしれません。

自分でやれることは、自分で

建てて22年以上経つわが家。

そろそろいろんな設備が順番に壊れます。

今年（平成30年）の夏の酷暑《こくしょ》、エアコンの効きが悪くなったので修理をお願いすると、たまたま部品があってよかったが、ほとんどの電気製品などの寿命は10年です、と言われビックリ。

電機メーカーの機械や製品のデザインや技術サイクルがスピード化され、機種変更や新商品が競うように生まれ、古い部品はせいぜい10年ぐらいしか在庫管理していないらしい。

まさか、信じられない企業中心の産業社会。

売らんかなの商業主義も腹立たしい、とそんな時代に生きているのを嘆く前に便利だが複雑な機器や道具にはなるべく頼らず、できるだけシンプルな暮らしを心がけ、自分でやれることは自分でやることに決めると気がラクになります。

電気製品や機械の故障など専門的な修理はプロに任せても、自分でできる小さなことを増やす。

すると充実感や達成感も得られ、何より心豊かな節約にもなる。

機械は調子が悪くなれば、すぐメンテナンスをやるほうが修理代も安くなりそうだし、組み立て家具などはときどきチェックし、グラグラするかなと思えばすぐに自分でネジを締め直す。

どんな道具も完全に壊れるまで放置しないこと。

予備の工具などは家具の裏に張り付けておけば修理の役に立ちます。

レンジ台や水回りをいつもきれいに保てば、サビや汚れで傷《いた》まず寿命が何倍も長持ちする。

毎日の何秒かの手作業が、買い替え費用や修理代などの余分な出費から解放してくれるのです。

もし、宝くじに当たったら……

会うたびに、宝くじの夢を語る知人がいる。

彼女の夢は、もし宝くじが当たったら、今の賃貸のアパートを出て、都心のマンションを買う。

ホームパーティーを開き、ケータリングの寿司バーもつくる。

そんなふうに言っています。

ちなみに彼女はお寿司や和食が大好きなのです。


でもこの宝くじの夢、ちょっと見方を変えると、小さな女の子が「素敵な王子様が現われたら……」と憧れを口にするのと少し似ています。

というのも、これは自分では何も努力しない受け身でただ待つのみの夢だからです。

子どもならいざ知らず、成人した大人の女性ならば夢に対して何らかの努力をする。

積極的であってほしい。


宝くじや他人の力といった他力のお金に頼らず、どうしたら自分でその金額を稼ぎ出せるかを考える。

自分の描いた夢の実現に向かって果敢に挑戦し、具体的に行動する方法を考えるほうが、実は確率が高い気がするのです。

ちなみに、私も期待しないで応募したデパートの抽選で、海外旅行や3万円の商品券が当たったことはあります。

２００円や３００円のスピードくじはよく当たり、少額でも金券として使えるのでトクした感じ、心がワクワクします。

もちろんこうしたわずかなお金でもバカにしないで大切に使います。

でも大きなお金は期待しません。

自分で掴《つか》み取る努力をしたい。

そして、そんなときにこそ、思いがけない夢は舞い込んでくるものです。

ちなみに、「もし、宝くじが……」の彼女の夢は、20年以上経ってもいまだに実現していません。

寄付をしてみる

年金暮らしの知り合いの70代の夫婦が毎月何千円の寄付を始めたという。夕食時、テレビから流れる「あなたのわずかなお金を世界の恵まれない子どもたちのために役立ててください」という映像を見たのがきっかけ。「今自分たちが囲んでいる食卓を見比べて、何千円ならとついその気になって」と笑っていました。

困っている人にたとえ少額でも自分のお金を差し出すと、豊かな気持ちになります。寄付するお金があれば、自分や家族のために使ったほうがよりぜいたくな暮らしができると利己《りこ》的に考える人もいますが、小さな何かを犠牲にしても他人のために何か役に立ちたい、という気持ちは大切かもしれません。

私はといえば、年に1回、18金の留め金が壊れたネックレスやサイズが合わなくなった指輪などを金券ショップで現金に換え、５００円玉貯金の半分と合わせて寄付をすることにしています。

寄付する相手は、その年によって違うこともあります。

たいした金額ではありませんが、用のなくなった貴金属を〝宝石箱のこやし〟にするより困っている誰かの役に立つほうが、よほど世の中のためになるような気がするのです。

少しでも余裕があれば、〝おすそわけ〟する気持ちを持ってみるのです。

豊かさを人に届けることにもなりますし、もしかしたらいずれ自分のところにも誰かの〝おすそわけ〟をいただくことがあるかもしれません。

寄付をした後は、しばらく座禅後のように心が清々《すがすが》しくなり、物欲やお金を使いたい気持ちが減り、ムダな支出を控えるようになるから不思議です。

買えないのではなく、今は買わない

掃除会社を始めたばかりのころ、社長自ら現場を飛び回っていました。大邸宅の床を磨きながら、そのころ住んでいた自分の小さなマンションを思い比べ、なんとなく淋《さび》しい気持ちになることも。

そんなとき、「今は手が出ないけれど、その気になればいつかは手に入る」と自分を励まし、この与えられた時間にただひたすら汗を流すことに専念したものです。

楽天的な性格もあったでしょうが、どれだけ自分が前向きになれるか挑戦していたのかもしれません。

「手に入らない」と後ろ向きに考えずに、「いつかは」と前向きに考え、新しい人生への大きなエネルギーと挑戦する気持ちを奮い立たせていたのかもしれません。

事実、10年後には分相応《ぶんそうおう》のそれなりの家を手に入れることができましたし、そのころ欲しいと思っていたもののほとんどは、いざ買える余裕ができたときには、今の自分には必要ないと思えてきました。

お金がないから、節約しなければいけない。だから自分はみじめ。

買いたいものを我慢しなければいけないので毎日が暗くなる。

そんなことで落ち込む必要はないのです。

自分で自分を「お金がないからみじめ」と決めつけるから、暗くみじめになる。


世界には、自分以上に貧しい人が存在すること。

今の日本がどれだけ恵まれているのかに気づくこと。

そして日々の小さな暮らしに感謝し、大切にする。

そんな生き方からお金には換えられない幸せが生まれるような気がします。

欲しい気持ちが湧いてきたら、「買えない」と暗い気持ちにならず、「いつかはきっと、でも今は買わない」と前向きに考える。

お金がないから買えないと、あれほど真剣に考え落ち込んでも、それらの欲のほとんどは、月日が経つと記憶から色褪《あ》せていくものです。

2章

お金に好かれる　住まい方・暮らし方

ものの持ちすぎは、お金の流れを止める

ものを買えば豊かで幸せな気持ちになれると、多額のお金を使った結果……。家じゅうにものが溢《あふ》れ返り、「さて、どうしたらものを減らせるか」と悩んでいる人は多い。

そういった人は、ものを減らそうと思っても、「失うこと」「愛着」「執着」といった恐れや不安からただ何もできずに多くのものに囲まれて過ごしてしまいます。

ものを買うために使った多くのお金は、今後何も新しいお金を生みません。ものを買った瞬間、ものの値段や価値は下がるのですから。特別な価値のあるアンティークは別にして。

多くの不必要なものは、〝お金の流れの淀《よど》み〟を表わす、暮らしのムダのシンボルです。

ガラクタは浪費につながる

捨てるのが嫌でものをやたらと溜め込む人は、節約家とはいわずお金の貯まらないケチといえそうです。

ほとんどのものはいったん手に入れると、「他人には役に立たないガラクタ」と化します。

多くのお金を費やして手に入れたものも、「いつか使う」「もったいない」ものになりがちです。そして、買ったものの維持に、よりお金が使われるのです。

特売で安かったのでつい、必要以上のものを買う。

それを収納するために、ものをまた買わなければいけない。

ますます散財してしまう結果になるのです。

ものはただ持っているだけでも、手入れの手間やお金がかかります。

心も時間も、そしてお金も浪費しているのです。

余計なものを少しずつ減らす

ものが多いと、その分、精神的にも圧迫され、影響を受けることをご存知でしょうか？

部屋にガラクタが散らかっていると掃除がしにくいだけではありません。

多すぎるもの、部屋中に散らかっているものは、知らないうちにあなたからやる気を奪ってしまいます。

気力にブレーキをかけ、未来に対して消極的になってしまうのです。

また、体にも変化が起こります。部屋が散らかっている人は、もの同様脂肪も溜まり、肥満になりやすいという調査データさえあるのです。

整理できない人は、精神的にも肉体的にも新陳代謝が滞《とどこお》り、ものも脂肪も溜まるというわけです。

一方、病院のようにすっきりした、ものが少ない環境では、いくらすすめられてもたくさん食べられなかった経験があります。

ある程度の乱れは仕方がないとしても、何事も過ぎることはよくないと肝に銘じておくことです。

また、金銭面の話は先ほどもしましたが、ものが乱雑に溢れている人には、お金は近づいてきません。

いつかきっと使うかもしれないとものを溜め込むと、その維持に多くのお金もかかります。もちろん場所も気力も労力も。

私の経験から言えば、今必要でないものに、「いつかきっと」が来る機会は99％あり得ない。

溜め込むことで失っているものがたくさんあると気づいたほうがいいのです。

では何から始めれば……と思った方。悩む前に、まず小さなことから。

たとえば、引き出し一つ、キッチンの棚一つと決めて始めることです。

片付け仕事を小さく区切ること。

そうすれば時間もかからずやる気も続き、達成感も得られます。大きな仕事を中途半端にするより、小さいことでできることを完璧に終えることが大切です。

すっきりしたシンプル生活のコツは、人生同様、今すぐすべてを一気に解決するのではなく、とりあえずどこか一つでも風穴を開けることなのです。

少しずつ、無理なく自然に、できることから自分を納得させながら実行することが大切です。

何をどう処分する?

あたりまえですが、年齢を重ねた分、思い出やものは増えていきます。

思い出とリンクするものを処分することは、自分自身との闘いです。

あまり性急に処分を進めると、捨てた後に心に不調を来《きた》すこともあります。

捨てたり、処分する基準は人によって違いますから、無理に一気に捨てようとせずに自分に合ったペースで少しずつできれば、「やった！」と喜んでください。

ここでご紹介するのは、ムダなお金も労力もいらない、心身ともにすっきりする初心者向けの方法です。

大切なことは、衣類など悩みそうなものからではなく、思い出と結びついていない紙類から始めること。意外とうまくできて達成感もあります。

・使っていない電気製品や道具機械類の説明書
・去年のカレンダーや旅行カタログ、チラシ
・期限切れの保証書（かなりあります）
・読むことのない本、雑誌
・先週の新聞紙や週刊誌

また、デパートの包み紙や包装紙なども新しいものから順に〝紙袋一つ〟にまとめるとすっきりしてきます。やっていくうちに、なんと多くの紙類がムダに場所を占拠して

いたのかと驚くことでしょう。

わが家の場合、畳半畳分の空きスペースができました！

今その収納スペースには何も置いていないので、風通しも良く、拭いたり掃《は》いたりが簡単にできるのでいつも清潔で快適です。


重要なのは、このパターンを定期的に習慣化すること。

「読まなきゃ」と思いながら結局読んでいなかった新聞や雑誌などの紙類とは、キッパリと決別して処分することで、読むのに費やす膨大な時間が〝節約〟できると考えてみましょう。

積んであるホコリだらけの雑誌や本は、目にするたびに、「読むつもりが読めてない」と思ってストレスになります。

シンプルなルールで整理もラクに

お金と上手に付き合うには、日ごろから身の回りを整理整頓する習慣が大切です。身辺が片付けられない人はお金にもだらしなくなりがち。

部屋がきちんと片付いていないと、「どこに」「何が」「どれだけ」あるかがわからなくなり、つい同じものを買い、それらを管理するのに場所や手間などムダな出費が重なってしまうことになるのです。

そういったムダを生まないために、もともと整理整頓が苦手だった私は、常に心がけていることがあります。

・ものの住所（置き場所）を決める
・ものを取り出したら、必ず元の位置へ戻す
・引き出しや扉を開けたら閉める。もちろんドアも

・落としたら、拾う
・何かを汚したら、すぐ拭く
・食べ残しや包装紙は、当事者が処分する
・使い切ったもの、足りないものに気がついたらメモする
・新しい何かを足すときは、古い何かを捨てる
・修理するときは、自分でできるものは2日以内。プロに任せるものはすぐ連絡する

きっかけは、事業を始めたことでした。仕事でへとへとに疲れ切って倒れるように逃げ込む部屋は、できれば広々とさせて余分なものを置きたくなかった。今必要なものだけで充分。使わないもの、いらないものは、あっさりと処分できたのです。

収入がなく買えないので、持っているものを丁寧に使いこなすようにもなり、ものへの愛情や暮らしへの工夫も生まれました。

ある程度経済的に余裕ができた今でも、この習慣は得難い大きな財産です。

〃風の通る家〃は長持ちする

窓を開け、換気扇を活用し、風と空気がよく交流する家は、汚れやホコリが溜まりにくく、長持ちすることをご存知ですか。

新鮮な空気が往来する部屋は、部屋の空気も清潔で、気持ちもリフレッシュします。

昔の日本の家は、木と紙と土などの自然素材で作られていたので、自然呼吸し、季節によって伸び縮みし、自然に部屋の空気の入れ替えができました。

今は、新建材の時代。アルミサッシの窓枠は密閉度が高く、人工的に開閉しなければ外からの空気を取り入れることができない。

今の家は、人間や機械の力を借りなければ、呼吸ができないのです。

朝晩、短時間でも必ず窓を開け、外の空気を部屋に取り入れましょう。

雨や風の強い日以外の天気のいい日は、長時間大きく開けます。

掃除タイムには必ず窓やドアを開けて。

部屋中に空気の流れができ、生活臭からも解放されます。

水回りの換気扇は必ず回し、空気がよく流れるように気を配ります。

風のよく通る部屋は、湿気が少なくカビ対策にもなります。


汚れた空気が停滞すれば、壁や天井、照明器具などが汚れやすく、汚れが汚れを呼ぶ状態になるもの。

空気が淀んでいる部屋は、体同様新陳代謝が悪くなり、壁紙が汚れで変色し張り替えも頻繁になり、その分リフォーム代もかかります。

もちろん、たばこの煙も部屋を汚しますので、充分に換気をし、決められた場所か外で吸うようにします。


新鮮な空気は、人間の気持ちもリフレッシュしてくれます。

窓を頻繁に開け、部屋の空気を入れ替える習慣は、手間も時間もかかりません。

日ごろの小さな気配りは、ムダな出費を抑えることができます。

居心地のいいリビングにする

住まいは、そこに住んでいる人の現在の精神状態や生き方を表わしているといわれます。

とくに毎日暮らすリビングの状態は、知らないうちに自分の心にかなり影響を与えています。

だからといって、神経質なまでに清潔さを求めるのも問題。

チリひとつない病院のように整然と片付いたリビングは、汚れたものだらけで雑然とした部屋同様、心が落ち着かないもの。

人が精神的に安定するのは、その中間がベスト。

〝そこそこ〟片付いた空間が、住み心地がいいのです。

一方、散らかっているほうが落ち着く、という人もたまにはいます。

ただ、これは雑然とした環境に目が慣れ親しんでいるか、自分のだらしない性格をあれこれ理由をつけて甘やかしているのかもしれません。

自分も他人も居心地のいい空間とは、大きな家具などは部屋の隅や壁際に置き、できるだけ部屋を広く見せる工夫をし、窓を開けて新鮮な空気を通し、小さくても生花や植物の鉢《はち》を飾り、できるだけ長居したくなるような場所。

もちろん汚れはこまめにきれいにしておくこと。

わが家は、他がどんなに散らかっていても、リビングのあるコーナーだけはいつもすっきりさせています。

気に入ったものだけを置き、ホコリもなく清潔で、居心地のいい空間を心がけています。

仕事や人間関係でどんなに疲れても、そこに座るとゆったりと落ち着くから不思議です。

照明を工夫し、天井からの明るすぎる照明ではなく、小さなサイドテーブルの上のランプの淡い明るさのみにして、音楽を聞いたり、ワインを飲んだり、本を読んだり、瞑《めい》想《そう》したり。

あまり背の高くないランプは、じかに目に入らず、まわりを包みこむように照らしてくれるので、まるで別世界にいるようです。

気に入ったものに囲まれた静かなスペースは、疲れた脳を柔らかく刺激し、新しいアイデアが湧き起こることも。

気分転換になり、明日への勇気や活力も生まれる気がします。

居心地のいい住まいは、目に見えなくても住む人のいい精神状態が映し出され、〝きちんとした暮らしぶり〟を語っている気がします。

床は自分の〝経済状態〟

ドイツ人は床《ゆか》にものを置くと、お金が貯まらないといいます。

そういえば、銀行もデパートも個人宅も、広々とした空間は、床に余計なものが置かれていない。すっきりと美しく見えます。

いつもピカピカに磨くのに手間も時間もかかりません。


広々とした床は、豊かさのシンボル。

動き回れる自由なスペースは、行動的になり、経済的にも上向きになり、お金が増える。

反対に、床が塞《ふさ》がっていると絶えずお金に困るといわれます。

だから、他人の目を気にするドイツ人は、整理整頓を徹底し、床に溢れるほど多くのものを持たない。

実際、床にものを置くと、掃除が面倒になるのでホコリが溜まり汚れやすい。ものに躓《つまず》いてけがをすると余分な医療費がかかる。

さらに、床にものが雑然と転がっていると、そこに住む人の生活、人生まで、だらしない印象を与えてしまうことをよく知っているのです。

余分な多くのものに囲まれると集中力がなくなり、生きる気力や活力も減少してしまいます。

まずは、床に転がっているもの、いつも出番があるバッグや掃除道具などを、壁やドアの後ろにかけてみることから始めましょう。

外国映画などでよく見かけるコートハンガーに、帽子やコートだけでなくハンドバッグやテニスラケットなどをかければ、インテリアのようにも。使うときにすぐ取り出せてグッドアイデアです。

こんなふうにして、わが家でも、ほうきや帽子までかけて、見せる実用インテリアを実践しています。

美しく清潔ですっきりした床は、心も家計も健康で健全、お金がひとりでに舞い込んでくるような気がします。

自宅の床の状態は、今の自分の経済状態なのかもしれません。

玄関は暮らしの鏡

まだ幼い子どものころから、大正生まれの母に、玄関の靴は脱いだら必ずそろえること、と厳しく躾《しつ》けられました。

玄関の靴が乱れている家は、だらしがないので泥棒が入りやすい、というのです。

そういった家は、靴同様、他のものも整理整頓されていないので、お金を取られてもわかりにくい。

つまり、泥棒がターゲットにしやすい家なのだ、と。

「三つ子の魂百まで」のせいか、今でも帰宅して自分の靴を脱いだついでに家族の靴もきちんとそろえる習慣を手が覚えています。

出かけるときは、自分の靴を履いたら他の靴も一緒に隅にそろえておく。玄関のドアを閉めるときは、必ず振り返り、〝他人目線〟で自分が帰宅したときにほっとする空間であることをチェックします。

自分自身という〝大切な客人〟のために。


もちろん、玄関まわりのものは靴だけではありませんからよく空気を入れ替え、植物の枯れた葉や枝、床の汚れもなるべく気がついたときに、すぐきれいに処理しておきましょう。

いつも片付いた玄関まわりは、心が落ち着きますし、きっと自分同様、誰もが快適に感じるはずです。

ドアはホスピタリティ

玄関まわりをいつも清潔に整理する大切さを教えてくれた母は、よく言っていました。

「玄関のドアや部屋の扉の前にはものを置かないように。いつでも大きく開くようにすれば、人も福の神も舞い込んでくるから」と。

実家のドアや扉のまわりはいつも掃き清められ、夏休みの夕方になれば玄関まわりに打ち水をするのは子どもの仕事。

部屋の扉やふすまも、いつでも全開にできるようにタンスやものなどを置かない。真夏のエアコンなどがない時代、部屋が涼しくなるように、扉やふすまは取り外され、風が部屋中に行き渡って涼しく開放感がありました。

学校から帰ると、いつも親戚か近所のおばさんが開け放たれた玄関の上り口に腰かけて、母とお茶を飲みながら世間話に夢中になっている姿があり、「ただいま」「お帰り」と声を掛け合って、ものはないけれど豊かでのんびりした時代でした。

いつもなんとなく人が集まり、いただきものの手作りお菓子や庭先で採れた果物が絶えることなく、子どもたちにとっても今日のおやつは何かなと毎日が恋い焦《こ》がれる日々。

社交的で明るい母、そしていつも大きく開かれ開放的な玄関や部屋の障子《しょうじ》やふすま。気持ちよく開けられる扉の大切さを実感した幼少時代の思い出です。

キッチンは健康のバロメーター

キッチンでは様々なものが取り出され、使われ、洗われ、手入れされます。

家の中でも様々なものの新陳代謝が本来最も行なわれる場所。

それが、料理もしない、お湯も沸かさない、拭き掃除もしない……。

戸棚や冷蔵庫の奥には使わない道具や消費期限切れの食材が所狭《ところせま》しと詰め込まれている……。

こんなふうに、ものが停滞し循環がなくなれば、風通しも悪く不健康になります。しかも使わない多くのものがムダになっているわけですから、お金にもやさしくありません。

いつもキッチンの棚や引き出しはすっきりさせておきましょう。

数十年前、引っ越しを機会に、食器を友人知人に「欲しいものを持って行って」と3分の1に処分したら、身も心も贅肉《ぜいにく》がとれたようにすっきりと軽くなりました。

それ以来、食器は数を増やさずに食器棚は60％の収納率、普段使いとお客様使いは同じ食器で賄《まかな》っています。

ドイツから帰ってきたときは、日本から持って行った食器はすべてドイツ人の友人たちにプレゼント。ちょうど日本食ブームで「こんな高価なものを」と安物の日本食器が喜ばれ、最高の贈りものになったのです。

他にも、ソーサーがなくなった外国製のコーヒーカップは捨てるのが惜しいので、花を入れ小さな花瓶に。

冷凍庫の保存食も2週間おきにチェックし、黄色くなったり袋が破けたものは処分。しょう油や油などの調味料は一カ所にまとめ、道具は目的に応じて場所を決めてそろえておく。

食材もできるだけキッチンや食卓に置かないようにしています。

ちなみに、ある調査によると、キッチンに食べものが山積みされている家の住人は、たいていみんな太っているそうです。

そういえば、家族全員が同じ体型をしているので、なるほどとうなずいてしまいます。

いつも手が届くところにスナック菓子やスウィーツがあれば、つい口にしていつの間にかカロリーオーバーになりかねないもの。

整ったキッチンは健康のカギでもあるのです。

キッチンをすっきり片付けて〝血流〟をよくし、戸棚や冷蔵庫内の〝ものの新陳代謝〟を促すと、体も心もすこやかに過ごせます。

もちろん、ムダな買いものも減少します。

清潔な水回りは幸せのシンボル

ものの整理だけではありません。水回りは、汚れや臭《にお》いにもとくに注意が必要です。

ドイツでは、どんなに高級でハイセンスな洋服に身を包んでいても、その人の家のキッチンやトイレ、洗面所が汚れていたら、がっかりされるどころか、人格まで疑われてしまいます。

清潔な水回りは〝健康的な品性〟を表わす、といわれているのです。

洋服や外見にお金を使う以上に、大切な暮らしや健康を管理する水回りには、心や気を配るべきだというわけ。

水回りの汚れの原因は、水あかや湯あかです。

いつもきれいに保つコツは、使ったらすぐ汚れや水滴を残さないよう心がけること。

使った後、すぐ拭いたり、磨いたりする。

その習慣を手で覚えるだけで、汚れから解放され、臭いもなく、いつも清潔感溢れる水回りを維持できるのです。


ちなみに水回りの臭いが気になると思えば、それは目に見えない汚れが床や壁、天井や照明器具にまで張りついているからです。

消臭剤に頼らず、お湯で拭くだけで臭いの悩みがかなり解消されるはず。

もちろん、マットやカバー、タオルなども忘れずに定期的に洗濯しましょう。


昔の日本では、トイレは「ご不浄《ふじょう》」と呼び、だからこそ清潔にする必要があると、心ある主婦たちは朝晩トイレをピカピカに磨きたてて、きれいに保つように心がけていました。

台所も同様で、使ったらすぐきれいに拭き、手入れを怠《おこた》りませんでした。

神様の居場所として丁寧に扱い、一家の健康や安全を祈る場所でもあったのです。

ピカピカに磨かれた清潔な水回りは、住む人に健康や幸運をもたらします。

昔の人々は、きれいな水回りには、外から福の神が舞い込んでくると心から信じていたのです。

押し入れは気分のトラブルメーカー

テレビの取材であるお宅の押し入れを開けた途端、ガラクタが転がり出てきてビックリしたことがありました。

聞けば、いつか使うかもしれないと何でも突っ込み続けた結果、押し入れの奥には何があるかもわからないほどになってしまったという。

ものが収納スペースの能力以上に詰め込まれているので、扉を開けるのもスムーズにいかず、やっと開いた中のガラクタを見るのもかなりの気力が必要です。

こうした「捨てられない病」にかかっている人は、「もの持ち」かもしれませんが、「金持ち」ではありません。

お金も時間も、さらに気力も浪費していることが多いのです。

そもそも何年も使ったことのないガラクタを貴重なスペースに放置していることこそムダなお金をばらまいていることなのです。

そういった家の押し入れは、見るからに暗そうでジメジメとかび臭く、人もお金も避けて通りたくなりそうです。

押し入れや物置は、ものをしまうところですが、最低でも1年に1回は使うものを入れるところです。

何がどれだけ入っているかが一目でわかり、必要なときにすぐ取り出せるようにしておくこと。

季節の飾りもの、たとえば雛《ひな》人形を取り出そうとすると、何かを移動させなければ出せないようでは、せっかくの季節行事の楽しみが面倒で億劫《おっくう》なものになり、憂鬱《ゆううつ》な気分になります。

ゆとりをもって収納し、すっきりと風通しのいい空間にすれば、掃除もラクでホコリや湿気から解放されます。

もちろん、ものも長持ちします。

扉を開け、ものを出し入れするのも簡単なので、元気とやる気をもたらしてくれます。

さらに気持ちも明るくなり、表情に笑みも戻り、お雛様を囲んで季節の行事にお茶でも、と対人関係もスムーズになりそうです。

収納スペースには7割まで

「タンスは文句を言わない召使《めしつかい》！」

ドイツのことわざですが、なるほど、先ほどの押し入れの話の通り、収納スペースというのは気をつけないとものをいくらでも詰め込んでしまう。

タンスや押し入れといった収納スペースは、いつでも何も言わずにあなたを受け入れてくれるので、自分なりの収納ルールを持つことが大切なのです。

では、いったい何を基準にすればいいのかといえば、それは〝7割収納〟を心がけること。

ものを整理できない人や、衝動に任せてものを買ってしまう人は、すぐにそのスペースを埋めてしまいます。これでは収納スペースをいくら広げても、意味がありません。

一方、整理整頓が行き届いた家では、必ず自宅の〝収納スペース〟に〝ものの数〟を合わせて必要なものが適量に収納されています。

スペースを先に考えることで、不要なものを増やさずに済むのです。

私の場合は、収納場所がだいたい7割くらい塞《ふさ》がったら、その場所は〝満員御礼〟と考えています。

このような定量感を持てば、どこに何があるかわからないほどの〝定員オーバー〟にはならないはず。

もちろん、3割ほどの空きスペースがあるので、風通しも使い勝手もよく、同じものを重ねて買ってしまうムダな出費も防げるのです。

クローゼットは性格を映す

衣類に関しては、今着られないものは、処分すること。

「もったいない」、「痩《や》せたら着られるように」と捨てずにとっておくことがよくありますが、経験からいって、まずそんな機会は訪れません。

今すぐそんな〝性格や考え方〟を変えることです。

きつい、ゆとりがありすぎる、など今のサイズに合わないもの（過去の亡霊のような服！）は、名残惜しくてもクローゼットから除外しましょう。

高かった、もったいないと思えば、人に差し上げたり、バザーやリサイクルに出したり、また手先が器用ならば、クッションやマフラーなど他のものに作り替えてみるのもいい。

手先が器用な友人が、古い着物地で作った、とテーブルマットを送ってくれましたが、木のテーブルにはシックでぴったり。

残す衣類は、今の自分に似合う服、心地よく感じる服だけに。

年齢を重ねると、今を大切に充実して生きることが大切なのですから。

季節を春夏秋冬と4等分し、それぞれよく着るものを季節の順番に右から左に集めます。2年以上着ていないものは思いきって処分します。

まず今後も着ることはないと割り切ること。

高かったからとか、誰かからのプレゼントだとか、記念に買ったものだとしても思いきって「さよなら」します。

よく着る服の自分なりの基準は何なのかを考えてみましょう。

私の場合、色、柄、デザイン、着心地、素材。

ブレザーやスーツは、クラシックで応用範囲が広いもの。

派手なデザインや色は避け、むしろ組み合わせが自由に楽しめる、グレーや黒、白を選びます。

素材はウールや綿、絹や麻などの天然素材を中心に。

年齢を重ねるにつれ、最近は、自分で簡単に洗えて手入れできるものがラクで、クリーニング代も節約でき経済的に助かります。

よく着る上着などにはお金をかけ、その分何年も使いこなす。

たまにしか着ないパーティードレスにはお金をかけない。

どうしても高級感を出したい場所には、面倒でも着物を着る。

Tシャツなどは流行のもので気兼ねなく使える1000円単位のものなど、お金をかけない。

ブラウスやアクセサリー、スカーフなどは、〝過去の遺産〟の高級なものを基本に、そのときどきに流行しているものをアクセントに使って変化を楽しむなど。

過去に大枚はたいて購入した、どうしても手放せないものを数点残しておくと、ここぞというときに使えます。

自分なりの衣装ルールを持てば、それに従えばいいわけで、衝動買いも減るでしょうし、余分なものを買うこともありません。

もちろん、クローゼットの衣類が増え続け、外出のたびにどれを着るかなど悩む時間も節約できそうです。

寝室はやる気の源

寝室は、疲れた体を休め、明日への活力を養ってくれるところ。

清潔で整理整頓された寝室は、心から落ち着き、ぐっすり眠れ、健康と幸せを約束してくれます。

だからこそ、朝は必ず窓を開けましょう。

淀んだ空気は、部屋の汚れが倍増し、掃除も時間がかかるようになるのはお伝えしてきた通り。

風通しをよくして、部屋にも自分にも新鮮な空気を取り入れるのです。

外に向かって大きく体全体で深呼吸すればやる気だって出てきます。

ベッドを離れるときは、シーツのシワを伸ばし、枕の位置を直し、ベッドカバーをかけます。

どんなに急いでいるときでも、ベッドメイクだけは欠かさずやるようにします。

今日一日を快適に過ごすための最初の儀式だと考えましょう。

そして、部屋を出る前には、床に汚れものが転がっていないか、ゴミが落ちていないかをチェックします。

このように体が覚えている毎日の小さな習慣は、規則正しく、健康でエネルギッシュな生活を送るための基本中の基本です。

コレクションとはお別れの準備を

ガラクタや使わないものを捨てることはもちろん、思い出深いものであっても、量がありすぎる人は、やはり少しずつ減らしていきたいもの。

私はといえば、50歳を過ぎたある日、〝マイコレクション〟の収集に区切りをつけることにしました。

ぬいぐるみ、銀のスプーン、など、他にもいろいろ。

数が増え、置く場所も収納する場所もなくなってきたのです。

それに、最初にコレクションを始めた若いころのような情熱も薄れてきました。

年齢を重ねた今、ライフスタイルも環境も心までも変化しているせいでしょうか。

増え続けるコレクションは、見ていると何だか心が重苦しくもなってきたのです。

とはいっても、大切なものは、「いつ」「どこで」「誰と」などたくさんの思い出が詰まっています。

一度に処分したり、減らすことはなかなか難しい。

そこで、まずはこれ以上集めるのをキッパリやめ、すぐに捨てがたいものはあえて積極的に出番を増やすことにしました。


これまで集めた銀のスプーンは、食器棚の引き出しに並べ、引き出しを開ければ見せるインテリアとして、さらに来客時の話題にもなって楽しめます。

手に取り使うチャンスも増えますし、使うたびに手入れをしてしまえば、あらためて手間や時間も取られません。

テディベアのぬいぐるみは、一匹ずつ、飾る場所を決め、順番に出番を作ってやります。

しまうときはホコリを払い、きれいに拭き、「またね」と丁寧に声をかけます。

コレクションの数を限ることで、手入れも簡単になり、愛おしさも増します。

こうして、コレクションは選び抜いたものだけを丁寧に、暖かい気持ちで、大切な過去の思い出をときどき共有しながら、いつか来るお別れのときを待ちます。

自分なりの整理整頓を

どんな暮らしも、秩序正しさは自然に生じるものではありません。
何も手を加えず、放っておけば散らかるのはあたりまえです。
だからこそ、いつも整理整頓を心がけることの大切さをお伝えしてきました。
ただし、大事なのは完璧を求めないこと。
人生も暮らしも完璧を求めると疲れます。

完璧に整理整頓された家、掃除が行き届いたピカピカの部屋は、それを保つためにかなりの時間と労力が必要です。
掃除のために自分が疲れてしまわないために、自分なりのある程度の整理整頓ができていれば少しの乱雑さを受け入れることも大切です。

いつも完璧に片付けることばかり考えている人は、他への関心やエネルギーがなくなり、心がいつもざわざわと落ち着かなくなってしまいがちです。

かつて住んでいたドイツでも、掃除が好きでいつもどこかを絶えず磨き続けている人は、〝掃除魔〟といって、きれい好きなドイツ人の間でも嘲笑《ちょうしょう》の的《まと》になります。

しかも、〝掃除好き〟の家に限って、他人が見ればどこかすっきりしないことが多いもの。

むしろ時間をやりくりし、上手に掃除と付き合っている人の部屋のほうが、ゆとりが感じられて、誰が見ても〝きれいな居心地のいい家〟と感じられます。

一点に集中すればまわりが見えなくなることがあり、何事も集中したからといっても完璧にはできないものです。

たまにはバランスの取れたゆとりも必要なのです。

3章

すっきり軽やかな〝買いものの賢人〟

こんなとき、ムダ遣いしていませんか？

ショッピングが趣味という女性を幾人も知っています。

買いものが何よりも楽しみ、というわけ。

そういった人たちに話を聞くと、別に欲しいわけではないけれど、いいなと思うとつい買ってしまう、とのこと。

年金暮らしになった今、使えるお金も少なくなったので、自分でも直したいと真剣に考えている人もたくさんいて、意外と深刻な問題です。


こんな話を耳にすると、「買いもの以外に楽しめる喜びや趣味を見つけたら？」とすすめてしまうのですが、やっぱりそう簡単にはいきません。

体を動かすことに関心を向けてみても、ジムに通うには費用が気にかかる。

お金のかからない散歩は面倒だし、面白くないし、時間もない。

他にもあれこれ挑戦するが、長続きしないし、買いもの以上の楽しみにはつながらないらしいのです。

そういえば、私も嬉しいことがあれば、自分へのご褒美に何かものを買いたくなることはあります。

ただ、あるときから、こういった気持ちが湧き起こった場合、「なぜ今買いものをしたいのだろう」と客観的に理由を探すようになりました。

すると、〝買いもの衝動〟に対処できて過度な散財を防げるようになったのです。

買いものをしたくてどうしようもないときはどんなときでしょうか。

・仕事でストレスを感じるとき……
・失恋したとき……
・嬉しいことがあったとき……
・怒りを感じたとき……
・人生がうまくいかないと悩んだとき……

こんなふうに買いものをしたくなる理由がはっきりわかっていれば、このストレスの発散はもっと安上がりな他のものにしておこう、と思い直すこともできます。

高価なバッグが買いたいと思ったけど、本当はバッグが欲しかったわけではないんだなと気づいて、「じゃあ、デパ地下の美味しいローストビーフサラダを奮発する程度にしておこう」などと、〝買いもの衝動〟を安価に抑えることもできるのです。

他にも、一人暮らしの女性の場合であれば、気の合う茶飲み友だちと楽しく語らうことも、ムダな買いものを抑えるのにいい方法かもしれません。

買いもののルールを持ちましょう

買いもの上手になることは、お金とうまく付き合うための基本です。

なぜなら、無人島で自給自足生活でもしない限り一生ものを買わないで済ませることはありえないから。

自分なりの買いもののルールを持っていれば、ついムダなものを買いすぎて後悔することも余分なお金が出ていくことも少なくなります。

たとえば、「空腹で買いものをしない」と決めるのもいいルールの一つでしょう。

私は、スーパーやデパ地下で食料品を買うときは、必ず家でキャンディでもコーヒー一杯でも口にしてから出かけることにしています。

空腹の場合、あれもこれも食べたくなり、つい余分なものを買いすぎてしまう危険性があるからです。

また、出かけるときには、冷蔵庫の中を覗き、必ず在庫チェックをする。

冷蔵庫の中をイメージしておけば、空腹に任せて買いすぎたり、同じものが重なってムダになることもありません。

衝動買いをしないコツ

買いものに出かけたとき、どうしても欲しいものが現われても、すぐその場では買わないようにしています。

いったんその場所を離れ、頭を冷やし、時間をかけ、できれば日を改めてから再度欲しいかどうか自問する。

買う前に、最低1日は考えるようにします。

私はファッションや雑貨の通販カタログを見るのが好きなので、たまに買うことがあります。

最近の流行のファッションをチェックできるし、若者向けのファッションは、見ているだけでも気持ちが若くなったり、日ごろの服装の組み合わせの参考になることもあるので楽しいものです。

ただ、この場合も気に入ったものがあっても、すぐに申し込んだりしない。

気になるページに付箋《ふせん》を貼り、目指す商品の番号にボールペンでしるしをつけておくだけ。

2~3日経って、カタログのページを再度開くと、なんでこんなものが欲しかったのかしらとか、似たようなものがクローゼットに眠っているのを発見したりすることもある。

ほとんどの場合、あれほど買いたいと思った気持ちは、その瞬間を過ぎると失《う》せているものです。

高額なものは、お金を貯めてから

人生には、計画性も大切です。

とくに高額な買いものには。

もしどうしても欲しいものがあるときには、借金をして買うのではなく、まずは手に入れるために〝暮らしのダイエット〟をしてみましょう。

・すぐカードを使わず、昔スタイルで少しお金を貯める努力をしてみる
・いつものランチを栄養豊富で安上がりな手作りのお弁当にしてみる
・10分くらいならタクシーより歩いてみる
・週末は、外食を減らして冷蔵庫の残りものを活用する
・これまで食べていたデザートを半分くらいに減らしてみる

今までなんとなく慢性的に習慣化していたもの、とくに健康に悪いものから順に出費を削《けず》ることがおすすめです。

生活習慣病対策にも有効かもしれません。


そして、この暮らしのダイエットには、もう一つ効能があります。

それは、時間をかけてお金が貯まったときにには、あれほど買いたかったものが欲しくなくなっていることがよくあること。

規則正しい生活をしているうちに、欲求が収まったり、反対に時間が経過して欲しかった商品が店頭からなくなっていることもあります。

暮らしのダイエットは、健康的な生活にもなるので、痩せて服のサイズが合わなくなっている、なんてこともあるかもしれません。

もしそうなれば、ムダなお金を使わずにラッキーだと考えましょう。

欲しい瞬間に衝動買いをして、もっと違ったデザインのほうがよかった、などと後悔するよりずっといい。

ムダな出費が削れて、体も暮らしも贅肉がとれ、預金も増え、健康的な生活習慣まで手に入れることができるのですから。

さらに、欲しいものは、すぐ手に入れると意外とつまらない気がします。

買う夢まで見て、あれこれ知恵を絞って、お金と闘いながらやりくりしているときが一番幸せだったり。

買えるお金があっても、ひと工夫してわざと自分にブレーキをかけると、ムダ遣いを抑えながら買いものを楽しめるものです。

今どうしても必要？

衝動買いをしない、ものは少しずつ減らす、コレクションにも区切りを——と言ってきた私ですが、実は唯一弱点があります。

それは椅子《いす》が大好きなこと。

とにかく気に入った椅子があれば何日でも頭から離れない。

自宅には、多すぎるかなと思うくらい（！）の椅子がある。

用途としても充分すぎるくらい。

これ以上は増やせない……。

みなさんにも、何か一つくらい、こういったものがないでしょうか？

そこで最近は、気に入った椅子を見たとき、買いたい気持ちを抑えるための〝おまじない〟を唱えることにしたのです。

「今買わなければ後悔するの？」

「どこに何の目的で使うの？」


この二つのおまじないをあれこれ自問するうちに、「今ある椅子で充分すぎるほど役に立っているので買わなくても困らない」「むしろ今の快適なスペースが狭くなる」という答えが聞こえてきます。


買わなくても、別に不自由なく暮らせる。

むしろ、買った自分を想像したとき、余分な出費の割にはこの先何年使えるかわからない、と思うと気持ちが重くなる。

私には椅子はもう必要ではない。

むしろ年齢を考えると減らすことを考えなくてはいけない。

買わないほうがものから解放され、心も体も使う時間からも自由なのだ、と納得するのです。

買いもの時間は短く

いろいろ自分で工夫しても、それでもつい余計な買いものをしてしまうことはあります。

そこで、あらかじめ買うものを決めておいて、短時間で済ませるのはどうでしょうか。

買いもの時間が短ければ、余分なものを買わなくて済みます。

デパートで買いものの途中、疲れたと甘味処で休憩すると、また元気が出てもう少し見て回りたくなり、ついムダなものを買ってしまうもの。

そんなことも見越してか、友人の一人はランチを約束すると必ずその前に買いものを済ませてからやってくる。

こうすれば、買いものの後で人とのランチが待っているので、効率的に短時間で買いものができるらしい。

仕事を持つ彼女は、会合の間に買いもの時間を上手に入れて必要なものだけを買うことも多いという。

ダラダラと無目的に歩き回って、セールの表示に誘われ、つい不要なものを買ってしまわないためにもいい方法です。

また、後ろに予定を入れる以外にも、買いもの時間を短くする方法はあります。

それは、あらかじめ決めたものしか買わない、と固く信じているような、ムダな買いものをしないタイプの人と行動をともにすることです。

夫であれ友人であれ、このような人とスーパーやデパートを5分も一緒に歩いてみてください。

目的もなしにうろつくなんて時間と体力のムダ、と言わんばかりの相手からの心理的圧迫を感じて落ち着かず、いつもは長居するお店でも確実に早々に退場できます。

ただし、早すぎて必要なものも買えなかった、ということもありましたが……。

買いものは一人で

気の合った友人たちとワイワイガヤガヤとショッピングを楽しむのが好きな人も多いでしょう。

しかし、友人に「絶対似合う！」と言われれば、〝財布と気持ち〟の紐《ひも》がつい緩み、あとで買わなければよかったと嘆くことになりかねません。

先ほど紹介したようなムダ遣いしないタイプの人とならばともかく、金銭感覚が自分より緩い人や浪費グセのある人と一緒に出掛けると、余計なものを買ってしまいがちになります。

そのため私自身は、買いものは一人でする、と決めています。

とはいえ、普段はそのルールを守って行動できても、旅行やリゾート先でグループ行動をしなければいけないときは、協調性のない人にはなりたくないし、少し難しいもの。

そこで、グループ行動は楽しみながら、みんなでの買いものはスマートに避ける工夫をしています。

毎夏、涼しさやゴルフを求めて標高１０００ｍのわが山小屋には客人が訪れるのですが、最近は、山のふもとの高原に巨大アウトレットができたので、旅の記念にと必ず案内することにしています。

その際は、相手が一人でも数人でも、入り口の案内板の前で、「1時間半後にここで会いましょう」と別行動を提案することにしています。

買いものは、本来人によって見たいものがまちまちになるもの。

最初に爽やかに提案してしまえば、付き合いで人の買いものに付き添う状況から解き放たれて、喜んで自分の買いものに旅立っていく人も多いです。

1時間半後にしたのは、経験上、いくら買いもの好きな人でもそれだけ時間があれば充分だと実証済みだから。

とくにアウトレットのように広い場所は、運動選手でもない限り、長時間歩き回ると肉体的に疲労困憊《こんぱい》してしまうのです。

みんなが思い思いに買いものを始めたら、あとは一人で自由に、好きな店を歩き回るのもいい、時間が余ればベンチに座って名物の牛乳ソフトクリームを食べたり、コーヒーをするのもいい。

この方法なら、お互いに必要以上に干渉したり影響を及ぼすことなく、自己責任で自由気ままに買いもの時間を過ごすことができる。

何も買わず手ぶらの人、安いからと手に余るほどの紙袋を提《さ》げている人、集合時間になるとそれぞれの金銭感覚がふぞろいな様子が見えて面白いが、自分の信条は大切に、それでいて各々に買いものやウインドウショッピングを楽しんでもらえるので、グループで買いものスポットに行く際にはちょうどいいのです。

農家の直売所で、〝いい買いもの〟を

山小屋で過ごすとき、よく利用するのが農家の直売所や道の駅。

とくに野菜は格安で、帰京するたび、夏の酷暑で高値になった野菜や果物にため息が

出たものです。

道端の無人の店先に並べてある農家の朝どれの野菜を選び、そばの空き缶に100円玉を入れる。

何人かの農家の高齢者が共同で自分の作った野菜などを売っている店もあります。それぞれの店や場所によって野菜や果物の値段が違い、ここではキュウリやナス、トマト、あそこの店ではブルーベリーが安い、などと比較しながら買うのはゲームのようで楽しいもの。

少々の値段の差はあるが、すべて産地直送なので新鮮で美味しいのも魅力。

直売所や道の駅には地元の主婦たちがパートで働いているので、地元野菜の料理の方法を教わることも。

小さな直売所など、店番は高齢の女性が交代でやるらしく、顔なじみのおばあさんに、お茶やお昼時に食べていけと味噌汁をすすめられることもある。

8時半の開店に行くと、地元のおばさんたちが話しながら新鮮な野菜を運び込んでいる。

耳を傾けると、今日はキュウリやトマトのできがいい、ブルーベリーは小粒が美味しい、などいろいろと貴重な情報が手に入ります。

激安のスーパーなどと比べると、やや高いものもありますが、新鮮さと品質、それに美味しさも考えると、結果的にお買い得のような気がする。

東京でも中心部からちょっと出ると、そうした直売所が見つかります。今はインターネットで場所がわかるところもあるので、調べて少し足を延ばすと、値段以上の価値のある、実にいい買いものができるものです。

コンビニの利用法

農家の直売所でいい買いものができる一方、少し気をつけたいのがコンビニ。買うものもないのに、ふらりと立ち寄るのは危険です。

デパートもスーパーもそうですが、とくにコンビニは、ものを買いたくなるようにできているのですから。

ヨーグルトだけを買うつもりが、横に並んでいたプリンやゼリーがつい美味しそうだったので気がつけば1000円以上の買いものをしてしまうことが……。

ジムの帰り、コンビニの前を通るとつい立ち寄りたくなる気分になります。

心も体もジムでほぐれたせいか、なんとなく気が緩み、週刊誌でも立ち読みしようかなと店内に入ると、寄ってらっしゃい、見てらっしゃいの買わせるオーラが満載。

せっかく汗を流し減量したつもりなのに、一口サイズの小さなケーキならカロリーは大丈夫な気がして、実際はかなりのカロリーなのに、つい手にしてしまう。

よほどの固い決心がなければ誘惑に負けてしまいそうになります。

ちなみに夜中にコンビニへ出かけるのは日本人くらいです。

ヨーロッパでは24時間営業のコンビニは見かけないし、夜中にコンビニで買いものをするような人もいない。

しょう油や牛乳がなくなったのですぐ買いに走れるのはたしかに便利。

でも、前もって在庫チェックをすれば日中に済ますことはできるし、夜中に今すぐ手に入れなければいけないという暮らしのスタイルは、あまりにも計画性がなく未熟な気がします。

そもそも昔の日本人は、今のヨーロッパ人のように、〝ものがなければないなりに工夫する暮らし方〟をしていたはずです。

コンビニのよさは、昼でも夜中でも、行けば探しているものがほとんど手に入ることですが、その便利さに頼って、買わせたいプロの作戦にまんまと乗せられていてはムダ遣いがかさんでしまう……。

そんなことを考えていたとき、ときどき出会って季節のあいさつを交わす近所の88歳の男性が、コンビニとの上手な付き合い方をしているのに気がつきました。

彼は、年金暮らしなのですが、土地持ち借家持ちのお金持ちで、死ぬまでお金に困りそうもない悠々自適《ゆうゆうじてき》の一人暮らし。

もっとぜいたくをしてもよさそうですが、その暮らしぶりは、見るからにつましいの一言。

そんな彼が、夕方に道で出会うと、いつも同じサイズのコンビニの袋を提げているのです。

あるとき照れくさそうに、「晩酌だけが唯一の楽しみで」と言ったので少し話を聞くと、コンビニで買うものはお酒とおつまみだけと決めているらしい。

いつもポケットに500円玉を二枚だけ入れて、同じ時間に散歩に出かけるのだという。基本はコイン一枚で済ませて、もう一枚は、もしものときのおまじない。

なるほど、行く時間を決め、使うお金を決め、買うものまで決めていれば、店内で惑《まど》わされることもない。

この高齢の隣人の習慣は、上手に便利にコンビニを利用するヒントになりそうです。

値切り交渉で楽しく

私は買いものをする際には、どうしても今すぐ緊急に必要なもの以外、定価より安く買う気持ちを持つことをおすすめしています。

ドイツやイギリスでは、値切ってまで買う必要はない、という人が多いですが、私は関西のおばちゃんらしく、3個買うから気持ちだけ負けとき、という値切り交渉は好きでよく使います。

売る人も3個も買ってくれるなら、ほな、消費税いらないと、数円安くしてくれたりする。

たった数円ですが、それがありがたい気持ちにつながって、得した気分で人生までもが楽しくなるのです。

値切るのは決して「はしたない」「恥ずかしい」ことではない。

買う人と売る人の商取引の交渉と考えればいい。

安くなるかならないかを念のため尋《たず》ねるだけ、と考えればいい。

そんなふうに私は思うのです。

先日、わが家のバルコニーの手すりを修理したのですが、何十万円もの請求書を見てそのまま払えば私の中で〝消化不良〟を起こしそうなので、さっそく値切り交渉を試《こころ》みました。

担当の課長さんに、さすがプロの仕事で満足しているが、あなたの気持ちだけ安くできるかしら、と言ってみたのです。

すると課長さんも、採算ぎりぎりのところでやらせていただいているので、とちょっと困ったように笑いながらも、では気持ちだけと言って端数の700円を値引きしてくれたのです。

あとで家人には、たったそれだけの値引きならそのまま払ったほうがよかったのに、と散々嫌味を言われたけれど、私は気にしていません。

買いものも値切り交渉もゲーム感覚で考えるとラクになります。

「たったそれだけ」の金額でも言いなりにはならず、恥じらいもせず正々堂々値切り交渉をしたことに意義があるのです。

これからも上手なセリフを考えて、ますます値切り交渉の腕を磨き上げたい。

比較検討を忘れない

必要なものを少しでも安く買うためには、値切り交渉以外にも、商品の価格を比較し、少しでも安くていいものをゲットすることです。

最近はネットで調べれば、欲しい商品の価格がそれぞれのネットショップで比較できるので便利。

新品同様のものが売られている中古市場のサイトやオークションもあり、上質のものが定価よりかなり安く手に入ります。

とはいっても、欲しい商品を見つけても、すぐ買わないのはこれまでお伝えしてきた通り。必ず2社以上比較検討してから、と決めておく。

安いといっても、価格表示が内税なのか外税なのかを確認することや、配送料がどうなっているかのチェックも忘れてはいけない。

とくに配送料は、購入金額によって無料になるものもあり、金額も店や会社によってかなり差がある。

〝ひと目ぼれ〟の買いものは、たまにヒットもあるが、たいてい失敗することが多いもの、と意識しておくと、考えなしの買いものも踏みとどまりやすくなります。

いろいろと比較検討し、欲しいものが最安値で手に入ったときは、貴重な時間やエネルギーが報われたと素直に喜びましょう。

買いどきを知る

ドイツ人は、買いもの上手だと感心したことがある。

ものを買うときの上手なタイミングを知っていて計画的にものを買うからだ。

毎年のクリスマスはみんなが心待ちにするほど大切で、そのための飾りつけはワクワクするほど楽しい季節の行事。

ドイツの賢い主婦は、クリスマスの飾りは、10月ごろから12月が一番高く、1月のセール時に買うと半額以下になるのを知っている。

その年の12月のクリスマスを思い浮かべながら、1月に安くなった飾りやグッズを買いそろえるのです。

ちなみに、私がドイツから持ち帰ったクリスマスグッズは、ドイツ人に倣《なら》って、1月のセールの際に半額以下で手に入れたものです。

他にも、晴れ着なら夏の終わりのセールが狙いどき。

結婚式のシーズンの6月を過ぎると一気にお買い得になります。

水着なら安くなった冬に手に入れ、翌年の夏に備えることもある。

一年中プールで泳ぐことを考えれば、冬と夏のセールで買うのもいい。

日本でもお正月商品を買うなら、1月末のセールがいいタイミング。ものの値段、とくに季節ものは、時期によって左右され、値段がけっこう上下するので、面倒がらず計画的に買いどきを選べばかなりのお得感があるのですから。

最近は、毎年暮れから新年にかけての数日間は、避寒のため南半球のオーストラリアのビーチで過ごすのですが、あちらでも1月になるとデパートは1日から夏の大セール。

そこではチョコレートを買うのを恒例の楽しみにしています。

なぜなら、大好きなブランドのチョコが普段の半額以下で買えるから。

数箱のチョコを抱えてレジに持ち込むと、レジのおばさんが「これどこにあったの?」と聞いてきます。場所を教えると、「自分も帰りに買う」と嬉しそう。

これがドイツ人なら、人に聞かなくてもチョコレートは1月が安い、と狙っているところ。さすが大陸の女性はおおらかだと感心した瞬間でした。

そのセールは本当にお得？

買いどきを知る大切さをお話ししましたが、セールだからといって、ここぞとばかりに買いものをするのも少し考えもの。

とくに女性の場合、半額以下になったコートや靴などセールのときは誘惑も多い。

でもここで大事なのが、あと何回使うか、という感覚。

とくにシーズンものは。

以前は考えなかったことですが、年齢を重ねた今は考えることにしています。

半額だったから奮発してカシミアのコートを買った、といっても、はたしてお買い得かどうか。

50を過ぎて、あと30年は平均寿命からみて生きるとしても、コートを着られる冬は同じく30回しかない。

最後まで元気で、コートを羽織《はお》って外出できるかどうかの保証もない。

だとすれば、楽しめる冬はせいぜい20回くらい。

それに、他のコートもあるし、普段使いでない高価なコートほど温存してしまって意外と着ないことも多い。

もし、10万円のコートを買ってシーズンに1回しか着なかったとしたら、20年で考えても1回あたり5000円の計算になってしまう……。

少し極端な例かもしれませんが、たとえセールで半額商品であったとしても、お買い得かどうかは、その品を使う回数によって違ってくるのです。

若くて人生まだまだあるうちなら、多少高くても充分元がとれますが、高齢であまり使わないとするなら〝高い買いもの〟になってしまう。

とくにシーズンものの服を買うときは、少し落ち着いて、先ほどのようにこれからの着用回数を考え、1回あたりのコスト計算をしてみるのも一案。

もし、10万円のコートで10回しか着られなさそうだとしたら、1回あたりにかかるコストは1万円。

たった数時間着るだけで1万円かかるコートは、考えるだけで買う気持ちがだんだん失せてきます。

新品を買いたくなったら、止まれをして、今クローゼットで出番を待っている他のコートをもっと活用する方法を考えることです。

値ごろ感を持つ

ブランド好きな人には、「いくらまでなら許す」と決めることをおすすめしています。

人気のブランド商品はそれなりにお金を出す価値のあるものもありますが、時折寿命が短かったり、性能が悪いものもありますし、散財にもつながりますから、限度額を決めながら自分なりに吟味して線引きをしましょう。

たとえば化粧品にしても、お金をかけるものとかけないものを使い分ける。

広告に登場する女優さんが好きだからといって、同じブランドでまとめるのはやめたいもの。

私は化粧水や乳液などの基礎化粧品は、余分な香料が入らない日本製の安価なものを選ぶ。

美顔パックやハンドクリーム、シャンプーやリンスなども、家族全員で惜しげもなく使えるようにリーズナブルなものを。

口紅やファンデーションは少しこだわって好きな香りの外国製に。

マスカラやアイペンシルは使いやすくて長持ち重視。

——といったように決めています。


ただ、それでも〝値ごろ感〟というものは何にでもあるので、一定以上の高価なものは買わない。

1500円のマスカラと8000円のそれとはどういう差があるのかわからないので、同じようなものなら安いものを選ぶ。マスカラやアイライナーなどのメイクアップ製品は安くてもいいものがあるから。

ファンデーションは、数社を比較し、高くてもそれなりの性能のあるものを選び、長持ちするよう少しずつ大事に使う。

ブランド商品の価格は名前の価値以外に何があるのか、それぞれの商品についての情報を持っておくと、商品の値ごろ感を養うのに便利です。

安いからと買わない

「安物買いの銭失い」

子どものころから両親によく聞かされました。

関西でよく使われることわざですが、「安物は長持ちしないので結局何度も買い替えてムダな出費になる。だから安さを重視していてはいけない。上質のものほど長持ちするので、ものを買うときは、値段より品質を重視する」と言われたものでした。

今のように安くていいものを売る価格競争や量販店もない時代でしたから、「安かろう、悪かろう」と両親はかたく信じていたのです。

時代は移り変わって、たしかに安くていいものも増えました。

私もお金のないころは、欲しいものがあっても高くて買えないので、よく似た安物で我慢したものです。

ただ、やはり安さを売りにする商品は、すぐにどこかが傷んだり壊れたりしやすい。高くても上質のものならもう少し長く使えたのに、と思うこともしばしば。

いくら安くていいものが増えても、両親の言葉は、真理をついていたなと改めて思うのです。

値ごろ感を持つことの大切さを先ほどお伝えしましたが、それは決して安ければいいというわけではありません。安すぎるものや、商品の売りが安さしかないようなものは、結果的に賢いお金の使い方ではありません。

欲しいものが高くて買えないなら、我慢するか、お金を貯めて買うか、あるいはセールまで待つか。

良質なものをできるだけ安く手に入れるのであって、安いからというだけでものを買う習慣はやめたいものです。

売るときのことを考えて買う

ものは、今は必要でもいずれ手放すときがきます。

子どもが成長したらすぐいらなくなるベビーカーはもちろん、家具や不動産まで、日用雑貨以外の買いものをするときは、あとで売れるものを選ぶようにするのも大切な考え方の一つです。

20年以上も前、2件の自宅候補地の不動産物件を前にし、どちらにするか迷ったことがあります。

結局、今住んでいる土地を選んだのですが、それはM社のベテラン営業マンの言葉が決め手となりました。

「不動産は永遠ではありません。だから売るときのことを考え、誰が考えてもいいものを買うと間違いありませんよ」

南向き、道路幅は6m、高台、落ち着いた静かな環境、JRや私鉄の駅まで徒歩圏内……。

なるほど、誰もが買いたくなる物件を選べばいいのだ。

同じ価格だが、たった2坪広いという理由で選ぼうとした道路から奥まったもう一方の土地。自分の浅はかさ、目からうろこが落ちた瞬間でした。

道路幅は4m、奥まって静かですが、好みは限られ、車庫入れにいつも苦労しますし、車同士が行き違うにはいつも細かい神経が必要。

結局、ベテラン営業マンの教えを守り、少々狭くても（たった2坪！）現在の土地を購入したのです。

こうして売ることまで考えて買った家は、22年以上経った今、メンテナンスに訪れたハウスメーカーの営業マンから「こんなに丁寧に使い込まれた家は希少価値があるので高く売れますよ」と称賛してもらえるまでになりました。

今のところ、売るときがいつになるかわからないけれど、古いもののメンテナンスには人間と同じような経年劣化もあります。

売れるための〝健康的な維持〟には絶えず細かい修理費が出ていくのも現実ですが、売る意識をどこかに持っているからこそ、大切に買い、大事に扱ってくることができました。

たとえ結果的に売る機会がなかったとしても、この考え方のおかげでお金を賢く使う習慣が身についたのです。

ウインドウショッピングの効用

散歩を兼ねたウインドウショッピングは大好きです。

あの手この手で買いませんかと、店が手招きしている窓辺は、いろいろな新商品や情報の宝庫なのですから。

見るだけなのでお金もいらず、あれやこれや夢と現実が交差する娯楽のようで気持ちが華やいで明るくなる。

私の場合、歩きながら、店のウインドウを覗く。気になる店があると少し歩を緩めるが、立ち止まりはしない。たまに家人と街を歩くと、キョロキョロして落ち着きがないと叱《しか》られるが、左右周辺の店を歩きながらしかとチェックしているのです。

知らなければ買いたいと思わずに済むので、余計なものは見ないでさっさと歩く、という人もいます。

商品の誘惑に負けたくないから、君子《くんし》危《あや》うきに近寄らずというわけです。

でも、普段から衝動買いをしないという意志を持って、これまで紹介してきたような工夫さえ意識できていれば、過度に案じることもありません。

むしろ、長年探していたものが偶然見つかったり、本当に必要で欲しいものの価格を見比べ、買うときの参考にできるかもしれないのですから。

店頭のマネキンが着ている洋服の組み合わせ一つとっても、明日の服装の参考になったりするもの。

クローゼットの中のあの服にこのパンツを合わせて……など、あれこれ想像するのも実用的で楽しい。

店頭のブラウスを見て、家のクローゼットにしまったままの同じようなデザインのものを思い出し、思いがけずお宝発見！　と得した気持ちになることもある。

私自身、かつてお金がないときには、店のウインドウに並んだ靴や服を眺めながら、いつかきっと手に入れる、と夢見るだけで心が和《なご》み癒《いや》されたものでした。

華やかなウインドウは、見るだけで人をパッと明るく勇気づけてくれるものです。

衝動買いも、ムダ遣いもせず、元気な気持ちになれる——もしかすると、ウインドウショッピングを満喫する人こそが、もっとも〝買いものの賢人〟なのかもしれません。

4章

シンプルで楽しいムダのない生活

〝考える家事〟はすべてに通じる

小さな会社を経営して、はや30年以上になります。

これまでたくさんの人、スタッフに出会い、多くのことを学ばせてもらいました。

中でも働き方には、その人が表われます。

仕事の経歴は立派でも、時間をダラダラと過ごしてきただけの人もいました。

一方、仕事の経験はゼロで、主婦業を20年以上やってきただけの人が、素晴らしい働きをしてくれることもありました。

その違いは何か。

いつも考える習慣を持ち、工夫しながら行動し、時を過ごしてきたかどうかなのです。

とくに生活にかかわる家事は人に強制されてやるものではないので、かなりの自己管理、時間管理が重要になってきます。

あるスタッフは、事務所のＦＡＸ用紙の裏を丁寧に切りそろえ、メモ用紙に使う。

鉛筆やボールペンは必要な数本だけを机の筆立てに入れる。

会社の備品は少しでも安いものをネットで探して購入する。

それまで家事歴しかなかった彼女ですが、仕事ぶりは丁寧で、周囲の人を思いやる気持ちに溢れている。

仕事の進捗《しんちょく》もそれぞれ内容によって自分なりに期限を決め、メリハリをつけてミスのないよう心がけているようです。


てきぱきとした彼女の仕事ぶりから察するに、たぶん家の中でも手順を考え、時間を上手に使いながら家事をやる人なのでしょう。

限りある今の時間は、明日につながっている貴重な財産です。

家事も仕事も主人公は自分。

考える家事ができる人は、仕事もその他のことも充実しているような気がします。

時間は、貴重なお金

シンプルで楽しくムダのない生活をするには、時間を上手に管理することが大切です。

それは、スマホも携帯も電子手帳さえもなかった数十年も前、私がドイツで暮らし始めたときのこと。

出会ったドイツの女性たちのほとんどが自分用の手帳を持っていることに、新鮮な驚きを感じたことがあります。

仕事を持つ人にはあたりまえの光景ですが、主婦までもが約束をするときには必ず手帳を取り出し、その日は大丈夫かどうか確認していたのです。

彼女たちの手帳には、仕事はもちろん家事の予定、遊びや趣味、家族友人の誕生日だけでなく、感心することに買いものの内容、窓ガラスやキッチンを磨く曜日まで具体的に書き込まれていました。

当時日本のお酒のテレビCMで、月曜日からそれぞれ曜日ごとに何をするかを唄い、週末の金曜日はワインを買うというのがあって、なるほどああいうふうに一週間のスケジュールを決めるのもいいなと思っていたのです。

その思いが現実となった場面にドイツで出合った感じでした。

その日しなければいけない仕事や家事がリストアップされ、その合間に予期しない急な予定を入れてやりくりする。

ドイツ女性の〝家事上手な理由〟がわかったような気がしました。

自分の大切な限られた時間を主体的に自分が管理する。

ただし、予定は未定。

手帳のスケジュールに翻弄《ほんろう》されるのではなく、あくまでも手帳は自分の時間を上手に管理するための道具（ツール）であり、自分の行動を円滑に行なうための方向を定める羅針盤《らしんばん》なのです。

自分の時間を自分自身で管理することで、時間を〝節約する〟のではなく、〝何に時間を有効に使うか〟と考える。

だから、ドイツの主婦は〝やりくりが上手〟で、合理的な家事の名手といわれるのかもしれません。

スケジュールは一週間単位で

私は、日々の生活のスケジュールは、日曜日から土曜日まで、一週間単位で小さな手帳に書き込むことにしています。

大きさは手のひらサイズなので、バッグに入れての持ち歩きも便利。この習慣は起業してからずっと続いています。

スマホの時代に笑われそうですが、自分で自分を管理する方法は自分流を貫きたいと思うのです。

最近は、手帳にその日に何を食べたかも簡単に記入するので、あとから見て料理の献《こん》立《だて》の参考や健康管理にも役立ちます。

手帳を見て、ランチに外食が続くと、週末は野菜中心の手料理を心がけたり。

床を磨く、この日に何を買うか、などの家事のほとんどは一週間単位で大体の曜日を決めます。

やり遂げてクリアできたものは、◯で囲みチェック。

ただ、その日に急な事件や用事が入ってできなくても気にせず、翌週のいつかの日にずらすなど、ゆとりも必要です。

時間を操る主人公は、あくまで自分自身で、スケジュールではないのですから。

今すぐやるのは、必要な分だけ

一週間単位でスケジュールを決めたら、いつも全身全霊で目の前にあるものに集中します。

そのためには、まず優先順位を決め、〝一番大事なことを、最初に〟手掛けます。

経営者であり、もの書きでもあり、主婦でもある私にとって、大切なのはどんなに忙しくてもそのときどきの重要事項を決め、しっかりと順序立てて取りかかること。

朝起きて、今日すべき一番大切なことを一つ考え、そのことにエネルギーを集中する準備をします。


たとえば、雨上がりの朝は、窓ガラスを磨くと決める。

窓ガラスの最適な掃除タイムは、汚れが緩んでいる雨上がりの午前中なので。

ただし、窓ガラスは一日二枚と決め、それ以上は磨かない。

ついでに、カーテンを洗いたくなっても別の機会に回す。

カーテンを外して洗う作業は、窓ガラスを磨く以上に時間も体力もかかるから。


ポイントは、「今あるもの」、「必要な分だけ」。

それらに全力投球するのです。

余力を残してこそ、他のことにも気力やエネルギーが回せて、今日一日がバランスよく有効に使えます。

朝起きて、ベッドから起きると床に綿ボコリが……。

日々の暮らしの中でよくあることです。

そんなときは、予定になくてもその汚れだけをきれいにする。

決して部屋全体に掃除機をかけようとは考えない。

「今あるもの」、「必要な分だけ」です。

今は目の前の綿ボコリだけが取り除かれ、その部分がきれいになればいい。

掃除機を使った大掛かりな掃除は別の機会にやればいいのです。

掃除でも他のことでも、まずは〝今の現実の汚れ〟を少しでも解決できることに集中します。

ピンポイントで気になったことは、放置するよりも、解決してしまったほうが心がラク。

一方、気になったその先のことまで一度にやろうとすると、仕事でも家事でもダラダラしがちです。時間も労力もお金もムダになる。必要な分だけ今すぐやる習慣を持ち、どうすれば効率的に大切なことに集中できるか考えると、テクニックや潔《いさぎよ》さも身につくようです。

時間を上手に使う

スケジュールや時間についての意識を持ったら、今の自分の時間の使い方をもう少しチェックしてみることです。

今日の午前中は何もスケジュールが入っていないし、重要な用事もない。気になっていた換気扇の掃除でも、と始めたとします。やっているうちに換気扇のまわりの壁、レンジ台まわりの油汚れ、戸棚のベトベト汚れ、まだまだ汚れている場所が出てきます。気になるままにやっているうちに、気がつけばお昼も食べずにいつの間にか時間だけが過ぎてしまったなんてことに……。

時間を気にせず夢中になった分、貴重な時間が消費されてしまったのです。

こんな経験を持つ人は意外と多いもの。


最初に〝換気扇の掃除〟と決めたのならば、できれば30分くらいと制限時間を決め、それ以上は自分の貴重な時間を使わない。

もし、30分できれいにならなくてもいい。

掃除も人生も完璧はありません。

時間に急《せ》き立てられなくていいのです。

少なくとも最初よりは、30分も時間を使ったのだから、汚れは取れたはずと満足するのです。


一日で使える時間は24時間。

誰もが平等に与えられた時間というお金。

時間を使うのと、時間に使われるのとでは大違い。

どのように上手に考え使うかはあなた自身にかかっているのです。

計画性を持って、いい流れを生み出す

自分の大切な時間は自分で管理する。

〝どんなことに時間を使うか〟を意識し、上手に時間を管理することで〝シンプルで楽しいムダのない生活〟ができるようになるのです。

実現不可能な計画に縛られ、人生に完璧を求める必要はありませんが、賢く時間を操れるようになると〝いい生活のリズム〟が生み出せます。

私の毎朝の習慣は、起きたら窓を開け、新鮮な空気を部屋にも体にも取り込むこと。今日も一日頑張るぞ、と一日の時間の流れをスムーズにするためのちょっとした儀式です。

もちろん、よほどのことがない限り、寝たり起きたりする時間はほぼ決まっている。

朝食をとり、食後のコーヒーを飲みながら新聞にさっと目を通し、今日の行動の手順を考える。

その日の行動の優先順位を確認し、決まった仕事は丁寧にこなす。

大事な仕事は決して明日まで延ばさない。

私の場合、完璧にやらないほうがやる気が出るので、余力を残しながら気持ちをゆったり構えるように心がける。

こうすれば、気持ちのいい、効率的な時間を過ごすことができるのです。

また、計画性を持つことは、時間だけでなく、お金の上手な管理にも通じます。

先日も、わが家の3階のバルコニーの木製の手すりが少し朽《く》ちかけていたので、放置せず修理してもらいました。

ハウスメーカーの担当者には、まだもう少し大丈夫ですよと言われたが、いずれまわりの木の枠や柱までもが傷んだら、結局はすべて交換することになりそう。

今なら、修理代も少額で済むが、少し延ばせばもっと大枚をはたくことになる。

こうやって、中身や内容によっては、早めの〝計画的な行動〟をとることで、ムダな浪費をなくすこともできるのです。

忙しく余裕のないときこそ、計画的に遊びの時間を作り、短時間でも仕事や用事からいったん離れてみることも大事。

人はゆったりした遊びの中で創造的な何かを作り出す。のびのびと心を計画的に遊ばせる自由時間は、残りの時間を意義あるものにしてくれます。

会社を立ち上げて数年は貧乏生活の連続でしたが、そんなときこそスタッフたちの日ごろの汗に感謝し慰労《いろう》するため、数カ月に1回、高級ホテルで食事を楽しみました。みんなからぜいたくをしていいのですか、と私の財布の中身を心配されても、「こんな大変なときだからこそ小さなぜいたくは必要」と明るく笑い飛ばす。

お金は計画的に有効に使うもの。

大変なときこそ、お金を人に投資する。チマチマ貯めない。

束の間の豪華で美味しい食事は、明日も頑張ろうという気になれる。

ホテルの広々とした空間で、のびのびと過ごした美味しい時間は、お金に換算できないほど大きな希望とやる気を生んでくれるのです。

時間もお金も〝計画的に節約する〟のではなく、〝計画的に何に使うか〟を考える。

この習慣を持つか持たないかで、やりくり上手の差が出て浪費が少なくなる。

これこそ、いい流れを生み出す〝楽しいムダのない生活〟なのです。

やりっぱなしのクセを直す

生活の流れがスムーズにならない人は、気持ちに余裕がなく、ただ気ぜわしく毎日を過ごしているからかもしれません。

私の知人にも、お金が貯まらない、忙しくて時間がない、と嘆く人がいます。

いつもパリコレから抜け出たようにファッショナブルですが、絶えず何かに急かされているようでバタバタと落ち着きがない。

買いもの欲がありすぎて毎月のカードローンの返済が大変、とこぼす。

ある日、外で食事をした流れで、ワインでもと誘われ彼女のマンションを訪れたときのこと。

広々としたリビングの素敵なソファには、コートやスーツがまるでカバーをかけるかのように脱ぎ捨てられ、高級そうな木のテーブルにはナッツの空き袋や菓子類の包装紙がそのまま置きっぱなしにされている。

拝借した手洗いの洗面台の歯磨きチューブのふたは開いたまま。

廊下には今朝読んだ新聞がそのまま投げ捨てられるように点々と転がっている。

散らかっててごめんねと言いつつ、忙しくて片付ける時間がなくて、と彼女。


実は、散らかしっぱなし、やりっぱなしの人は、〝時間がない〟のではなく、時間に追われる気持ちが強すぎるあまりに、無意識に〝時間を節約〟しようとして、すぐできることをおろそかにしているのです。

あるとき私は、家事時間をタイマーで測ったことがあります。

そこで意外なことがわかったのです。

時間がかかって面倒だと思っていた家事が、実際はかなり短い時間、秒単位でできることを発見したのです。


テーブルを拭くと3秒。

服を脱いでハンガーに掛けると20秒。

下着を脱いで洗濯かごに入れると10～20秒。

使った道具を元に戻す動作は、せいぜい30秒。

まだまだあります……。


普段何気なく行なっている動作は、思ったほど時間がかからない。

1分以内の動作なら、すぐその場でやれば時間も手間もかかりません。

しかもいつも部屋がすっきりきちんと片付く。

一般的な生活を送る人であれば、わずか数秒も惜しいほど忙しい、という人はほぼいないでしょう。

遅かれ早かれいつかは片付けなくてはいけないものなら、今すぐやれば秒単位でできる。

そのままやりっぱなし、散らかりっぱなしの状態が続けば、いざ片付けようとすると秒単位どころか、何時間もかかることに。

結果的に、時間をいかに浪費することになるか。

やりっぱなし、散らかりっぱなしのクセを脱出するためには、「すぐやれば秒単位」をいつも自分に言い聞かせること。

それを実行することで、身の回りはかなりすっきりと片付き、生活の流れもよくなってくるはずです。

探しものを減らす工夫

忘れものは、探すのに時間も労力も奪われ、ムダな出費が増えることもあるので、なるべく避けたいところ。

最近では、若いのにいつも探しものをしている人も多いと聞きますから、少しでもなくすように心がけたいものです。

ある調査によると、年齢に関係なく、90％以上の人が絶えず何かを探しているといいます。

30代以下の人で多いのは、家や車のカギ。
50歳以上の年長者は老眼鏡や財布、カードや印鑑。
私の経験でも「なるほどたしかに」と思い出されることが多い。

・山小屋の前まで車で来て、カギを忘れたことに気づき、管理人さんに預けているスペアキーを届けてもらったこと……
・あるときは、新幹線駅の駐車場に置いていた車のキーを東京の自宅に忘れ、戻るわけにもいかず、レンタカーを急遽手配したこと……
・最近では海の家のソファに財布を置き忘れたと〝思い込み〟、4時間かけて南熱海と東京を往復し、結局、自宅のソファの上で見つかった、とか……

・貴重なバッグを新幹線の中に置き忘れ、後ろから降りた親切な人が「忘れていましたよ」と届けてくれた、若いときのラッキーな思い出も……

とにかく財布やキーなど、そのときの年齢に関係なく苦い思い出は多い。往復の電車代やレンタカー代があれば、美味しいフレンチや和食を何回も食べることができるのに、と自分が情けなくストレスも倍増してしまう。年を重ねた最近は、少しの努力をすることで、探しものに労力を使う状況を防げるよう、しかと自分に言い聞かせて工夫をしている。

たとえば、携帯と違い、音が出ないので探すのが難しい、メガネや財布。どこかで落としたときは別だが、普段からはっきりとした置き場所を決めておけば、「あれ、どこに置いたっけ?」はなくせる。

いわゆる〝管理場所の設定〟。

数点あるメガネも、各部屋に置き場所を決めておけば、直近までどこにあったかを考えればいいので思い出しやすい。

車やドアのカギ、セコムのキーなども同様で、玄関のランプの横、目につきやすいお皿の上、など自分なりの決めた定位置に置く。

バッグは、帰宅後、寝室で中身をすべて出し、外側を軽く拭いて元の場所にしまう。中身の財布や手帳、ハンカチなどは、帰宅後、寝室の〝ある場所〟にいつも一カ所にまとめて置く。

こうすれば、翌日出かけるとき、違うバッグにそのまま入れ替えることができるので便利。

こうした定位置は、自分の動線の上、たとえば帰宅後必ず通る玄関や寝室などの決まったところに置き場所を作ります。

そして必ずその場所に置く。

たいしたことではありませんが、こうしたシンプルな習慣をしっかり守り続けることで、生活の中でのムダやストレスを減らすことができるのです。

時間とお金のバランス

私たちがサービスやものにお金を使うのは、実は時間を節約するため。
その分、空いた時間で自分の心を満たす好きなことができるのです。

・15分の道のりでもタクシーに乗れば時間や体力が節約できる
・掃除や家事サービスを頼めば時間と労力が減らせる
・デパ地下やスーパーで出来合いの惣菜を買えば、料理の時間が節約できる
・外食はプロの料理を味わえ、自宅のキッチンも汚れず手間も時間もかからない

お金でいろいろなものを解決しているのです。
このように、必要に応じて、お金を賢く使うことは大事なことでしょう。
ただし、お金さえあればすべてが解決できるのかといえばそうではありません。

何でも人任せお金任せにしている富豪が、心豊かに暮らしているかといえば、そうではない例もたくさんあります。

ただラクをするためだけにお金を使っていると、心が淋しくなる。

だからこそ、お金がある人でも、お金で時間を買うだけでなく、自分でできることに喜びを見出して上手にやりくりすることが大切。

・デパ地下で買った惣菜にサラダを手作りして一品増やし食卓に添える。少し手を加えれば豪華なディナーになり、調理時間も半分に減らせて心も満足できる

・1・5㎞なら、2000歩程度歩けていい運動になるので、タクシーを使わない。歩くと頭から仕事が離れ、違うアイデアも湧き、15分の散歩時間は気分転換になる

このように、時間とお金のバランスをとりながら過ごせば、心と体を楽しませることができます。

たとえば、1・5㎞くらいなら歩くほうが健康的、と考えてみる。タクシーを探す煩《わずら》わしさもなく、さっと歩けば時間もさほど変わらず、お金も節約できる。

それを、タクシー代がもったいないから歩く、と思うと一気に楽しい気分はどこかに行ってしまい、淋しい我慢の意識が強くなる。

同じことをするのでも、自分がそこにどんな意味づけをするかで、気分はまったく変わってしまうのです。


人に任せてサービスを買うことは、時間が節約できて便利な反面、必然的に支出がかさみます。

考えなしにお金を使うのではなく、できることは自分でやって楽しむ。

この心構えが、楽しいムダのない生活につながっていくのです。

お金持ちほど、ポイントを活用する

まわりのお金持ちの友人や知人たちは、ほとんどの人がムダのないお金の使い方にこだわり、お金と上手に付き合っている。

小銭でも決して意味のない出費はしない。
自然にお金が貯まるような習慣、お金の使い方が身についているのです。

お金持ちの友人たちは、仕事の都合上、会食なども多いが、そうした場合もできるだけポイントの貯まるホテル内のレストランを利用し、毎年貯まったポイントで同じ系列の海外のホテルに格安で泊まったりしている。

楽しみながらお金を使い、貯まったポイントをさらに他の趣味や娯楽に活用するのです。

あるカード会社の調査によると、高額所得者ほど会員カードを利用し、貯めたポイントを余暇《よか》に有効活用しているという。

大金持ちだから金に糸目をつけないのではなく、大金持ちほどポイントを粗末にせずに楽しんでいるのが現実。

デパートやスーパー、ホテルなどの会員カードは、買いもののたびに提示すればポイントが貯まる。

私のよく利用するデパート内のパン屋さんも、〝雨の日ダブルポイントプレゼント〟なるサービスをしているので、天候の悪い日には2倍のポイントが付く。

そのデパート内には6店舗以上のパン屋さんがあり、競争も大変なのでしょう。

少しでも売り上げを伸ばすためのあの手この手のアイデアは、消費者として少額でもバカにしないで賢く利用したいもの。

もちろん、現金同様のデパートのポイントは貯まった分で値引きしてくれるので、デパ地下で必要な食材や惣菜を買うときには有効活用したい。

ちなみに、ポイントにのめり込みすぎる人は、安く買うことではなく、ポイントを貯めることに、目的が変わってしまっていることが多いので、その点は注意が必要。

ポイントが貯まるから余分に買うのではなく、あくまでも必要なものを定価より値引きして買う気持ちを大切にするのです。

くれぐれもポイントに惑わされ、余計な出費をしないように。

最近はレジ袋のムダ遣い削減も注目されているので、スーパーによっては、マイバッグを持参すれば、2円値引きしてくれるお店もある。

2円でも積もれば山ならぬ大金になるかもしれないので、私もできるだけ小さな布バッグを持参するようにしています。

ディナーよりランチ

ある若い友人は、人と会うときはよほどのことがない限り高級レストランのランチタイムを利用している。

誰でもお昼は食べるし、相手によってはビジネスの話もでき、何より高級料理がディナーの半額以下で食べられるから、と。

バリバリのキャリアウーマンの彼女は、車はベンツのEクラス、八ヶ岳に小さいながらも別荘を持ち、趣味もゴルフやヨット、時間があれば外国旅行へ出かけ、誰もがうらやましいと思う独身生活を謳歌《おうか》している。

一見今風のセレブだが、実生活は感心するほどつつましい。

おしゃれのセンスは抜群だが、上質なものを上手に工夫して何年も着まわしているし、時間があれば冷蔵庫の中の残りもので得意の料理の腕を披露してくれる。

決してケチではないが、彼女の堅実で優雅な暮らし方は、なるほどと参考になることが多い。

たしかに、多くの有名レストランでは、ディナーの半額以下の値段でランチを提供している。

店やメニューによっては、食後のデザートやコーヒーまでついてくる。

お金のあるないにかかわらず、金銭感覚のある人なら、これを利用しない手はない。

平日はビジネスの相手や友人たちと、週末なら家族と水入らずでも有効に利用したいもの。

ディナーになると同じレストランでもランチよりはるかに割高になり、ワインやシャンパンなどのアルコールを頼むとあとでため息が出そうな金額が請求される。

年齢を重ねてきたこともあり、健康を考えて食べる量は、昼は多くても夜は控えめにしたい。

それに、適当な店を探すにしても、同じ予算なら、ランチのほうが店のランクはかなり上を選べる。

最近のわが家の記念日は、必ず週末のランチタイムを利用する。

アルコールが入ると帰りが面倒くさくなるので、家の近くのホテルのレストランを選ぶことが多い。

ランチタイムに利用する店は〝和洋中〟とレパートリーをそろえておくと、その日の気分や目的で選べるので便利。

しかもおなじみの店では顔なじみの店長から思いがけず小さなろうそくの灯ったショートケーキやシャンパンなどの〝サプライズ〟サービスがあり、豊かな気持ちで食事ができる。

最近では、記念日でなくても、親しい女友達と遅めの朝食のつもりで、11時半ごろ待ち合わせる。ランチタイムが始まったばかりなので、静かにゆっくりと会話を楽しみながら食事ができるのだ。

もちろん、ランチ価格で。

水道、電気、ガスを丁寧に使う

日々のちょっとした暮らしの習慣行動は気がつかないうちにお金の節約になります。お風呂やキッチン、トイレや洗面所など節水や省エネルギーにつながる習慣を身につけておくと、定年後の年金暮らしになってから、節減項目にわざわざ光熱費の節約、とつけ加える必要がなくなるのです。

収入が減ったから切り詰めた生活をする、と考えると気持ちもなんとなく暗く滅入ってくるもの。

普段から丁寧な暮らしを心得ていれば、無職になったり年金暮らしになって、収入の激変が訪れても、怖くはないのです。

以下のような、一見あたりまえでもおろそかになりがちなことで、できることから始めてみましょう。

・トイレや洗面所など、使った場所の電気のスイッチは切る

・人数や季節によってバスタブに入れる水を少なくする。節水にもなり、沸かす時間も減るので、ガス代や電気代も抑えられる

・使用済みのトイレの水を流すときは、掃除も兼ねて柄付きタワシで磨いておく。こうすればわざわざトイレ掃除をする労力も時間もいらず、節水にもなる

・使った後の洗面台の水しぶきを拭いておく。水あかなどの汚れが付きにくくなり、掃除時間や労力の節減、さらに節水にも。いつもきれいなので気持ちも爽やかになる

・ベランダや庭の雨水を貯め、草花の水やりに使う（ただし、室内の鉢植えは、新鮮な水を使うこと）

・ゆで卵は、沸騰《ふっとう》したらすぐ火を止め、ふたをしておく。ガスや電気の熱源を効率的に節減できる。ふたを開ける時間は、好みのゆで具合で調整する

・お皿を洗うときは、シンクに栓《せん》をしたり、洗い桶《おけ》を利用する

・同じ鍋やフライパンで二種類の野菜を調理する

このような小さな習慣から生まれる節約は、他にもいろいろあるはずです。

自分の生活スタイルに合ったものをゲーム感覚で見つけること。

やがて、電気代が、ガス代が、水道代がこんなに減った、と光熱費の請求書が届くのが楽しみになります。

保証と保険を見極める

先日、乾燥機付き洗濯機が壊れて買い替えたとき、延長保証を付けますかと聞かれた。

普通は1年間の無料保証付きだが、いくらかを払えば5年間は無料で修理をしてくれるらしい。

これまでの私の経験では、電気製品は、運が悪ければすぐ故障することもあるが、たいてい6年目から具合が悪くなることが多かった。

今回もちょうど5年を過ぎたころに突然動かなくなった。

そう考えると、前回の延長保証は使えずムダに終わったので、1年間の無料保証で充分。

故障したとき、実費で修理したほうが結局は安くつくのではないかと、これまでの確率的経験を踏まえて延長保証を付けないほうを選んだのです。

もし、修理代が高くつくようなら、いっそ発想を転換してみるのも一案。

一人暮らしや少人数の家族なら洗濯機はなくても困らないかもしれない。

昔はみんな川や井戸端で、手で洗濯をしていたのだから。

ただ、修理費用や賠償金額が保証金額より高くかかりそうなものの場合、やはり保証や保険をかけておいたほうが安心で安く上がるかもしれない。

一つずつ対象のものに応じて見極めが必要です。

また、見極めが必要といえば、保険も同様。

ローンを抱え、子どもがまだ小さい家庭なら、生命保険も必要かもしれない。

ローンも借金もなく、延命治療も望まない一人暮らしや定年後のシニアの夫婦なら生命保険をどうするかは考える余地がありそう。

年金暮らしになったら、月々の保険の支払いを預金に回し、万が一の入院治療のために備えることも考えられる。

もし、病気になったら、当座の治療費や入院費の預金があれば生命保険はいらないだろう。


車や家などの損害や災害賠償保険の場合、万一のときは個人では払い切れない高額になることがあり、生活に大きな負担となることがある。

掛け捨てなので、長期にみれば高くつくことがあっても保険をかけていたほうが安心できそう。


わが森の山小屋は、電気製品にいつ雷が落ちるかわからない。

実際何回か被害に遭ったことがあるし、延焼や水害もあるかもしれない。

東京の自宅も海の家も同じことが言える。

長い目で見れば何もないことのほうが多く、ムダな出費とわかっていても、私は災害損害保険は安心料だと思っている。

だから、10年前に生命保険は解約したが、車や家屋などの災害損害保険はまだ入っています。

何に保証や保険をかけるか、かけないかは、自分のライフステージや価値観によるところも大きいもの。

目先の出費だけで見るとムダに見えても、長い目で見るとお得なこともある。もちろん、その逆もしかり。

心の安心料も含めて、自分にとってどの選択がシンプルでムダがないか、今後の人生を考えるうえで一度精査してみることです。

限りある中で存分に楽しむ

シンプルでムダのない生活、というとお金も時間も自由に使えない窮屈なイメージを持つ人も多いかもしれません。

しかし、無限にお金と時間を使えることが幸せかというと、それも違うような気がするのです。

むしろ、お金も時間も限られているからこそ、その中で一日を充実させる方法やアイデアを見つけようとして、今日一日を一生懸命に生きていくことができます。

ないことを嘆いて思考停止するのではなく、限りある中でどれだけ上手に賢くやりくりできるか、楽しむつもりで挑戦してみることです。


実際、私自身も、起業して一心不乱に東奔西走《とうほんせいそう》していたころは今よりお金も時間もまったくありませんでしたが、そのときのほうが、心も体も健康で充実していたような気がします。

お金がないので、新しい服は買えない。そこで、ドレスアップしなければいけない会合には、手持ちのドレスに手持ちのスカーフやブローチを工夫するだけで見違えるようになるアイデアを考えてみる。

時間がなくてゆっくり外食できない分、自宅での食事の内容を充実させる。簡単にできる食事に一品だけぜいたくな食材を加え、レストランで食事をしているような雰囲気を作ってみる。

天気のいい日は部屋から戸外のベランダに出て食事やティータイムを楽しむ。たった一杯分のコーヒータイムでも、自然の中で飲むとがらりと雰囲気が変わって美味しいし、満たされる。

こんなふうに、楽しみながら工夫をすれば、お金をかけなくても素敵なドレスアップをするコツや、時間がなくてもレストランで食事をするような満足感を得るアイデアも浮かぶかもしれません。

今でも貧しかったそのころからの習慣で、飲むなら本当に美味しい上等の赤ワインを一杯だけ、安物のアクセサリーを何本もジャラジャラ身につけるより気に入った思い出のブローチを一個、と決めています。

たくさんの派手なものではなく、わずかにある上質なものを上手に日々に取り入れる。そんなシンプルで楽しいムダのない生活が、何よりも代えがたい人生の喜びにもつながる気がしています。

5章

少しのお金で、元気な体と豊かな心

食生活を見直す

50を過ぎると、誰しも健康が気になり始めます。

不調を来《きた》して頻繁に病院のお世話になるようだと、医療費も多くかかりますから、なるべく病気にはなりたくないものです。

また、年齢を重ねてみて思うのは、〝健康〟であり続ける、ということは〝病気でない〟こととイコールではないということ。

病気でなくても元気がなくては、毎日を楽しめません。

気分や体調がよく、病気への抵抗力もあり、いつも体力を蓄えられていてこそ、〝本当の健康〟だと思うのです。

では、〝本当の健康〟を手に入れるには何が大切かといえば、やはり食べもの。

昔から作るのも食べるのも大好きでしたが、年を重ねた今、その日食べたものが自分に与える影響を敏感に感じるようになりました。

自分が何を毎日口にしているのか、気にせず過ごしていることが多いものですが、これからも充実した気力や体力を維持するためには、毎日の食生活に関心を持つことは大切。

まず、チェックするポイントとしては、体にも財布にもムダな食材を不健康に不経済に取り入れていないか、ということ。

野菜を中心に栄養価の高い植物性や動物性の食品をバランスよく取り入れているのかどうかも大事なことです。

とはいえ、私自身、ずぼらな自分の性格を考えると、几帳面《きちょうめん》に栄養価などを記録していくのは面倒。

そこで考えたのが、食事日記でした。

方法はシンプル。これまでスケジュール等を記していた18㎝×9㎝の手のひらサイズの大学ノートに、朝食やランチに何を食べたかを簡単に書き加えるだけ。

いつでもどこでも思い出して書くだけなので、かれこれ10年以上続いています。

たまに数日書き忘れても、何を食べたっけと、必死に思い出す。古びた脳細胞を刺激する頭の体操にもなりそうです。

実際に自分が食べたものを記録してみると、いろいろなことがわかります。

・自分の嗜好《しこう》やムダな食材の出費が見える
・記録中に冷蔵庫内の食材の在庫状況を思い出せる
・今週は野菜が不足していたので、週末は少し多めにサラダや野菜の煮物を食べようと注意できる
・肉ばかり、魚ばかり、といった偏《かたよ》りをなくす工夫ができる
・デザートに甘いものを食べすぎたから、翌朝、体重計のメモリが1kg跳ね上がったと気づく
・自分の体の感覚的に赤ワインは週2回くらいがいい
・コーヒーをブラックで一日三杯と決めてから体の調子がいいとわかる
・カフェもいいが、豆から挽《ひ》いてドリップすると、外で飲むよりもかなり格安。しかも、ぜいたくな気持ちで美味しいコーヒーが飲める

こんなふうに、新しい発見がたくさんありました。

食べたものをただ書いているだけなので、負担にもなりませんし、それだけのことで体も財布もダイエットできるような気分です。

食材は必要な分だけ

食事日記をつけるようになって、食材のムダが多いのも気になり始めました。

いつも作り置きすると料理の手間が省け、小分けにして冷凍庫を利用するのも便利なのですが、年を重ねて少人数家族になった今、食べる量はかなり減ってきました。

作り置きは、いくら効率よく手間が省けても、毎日同じようなものではなんとなく淋しくもなるもの。

年齢を重ねたら、量より質、できるだけ新鮮なものを食べることを大切にして、食材は必要な分だけをこまめに少量ずつ買うように心がけます。

かつてドイツに住んでいたころ、スーパーやデパートの食品売り場で、老婦人が、ハムやソーセージを「一枚、二枚」と少量ずつ買っていた光景をよく目にしました。生鮮食材は、その日に食べる分だけ買う。

冷蔵庫もなかった昔は、日本でもよく見かけたものです。

少人数家族の場合、家計の面から見ても、ドイツの老婦人のように、食べる分だけ、がムダなくやりくり上手な買い方といえます。

野菜などつい大量に買い、冷蔵庫に入れたまま傷んで捨てざるを得なかったこと、よくありませんか？

特売だからと買いすぎたりせず、家族の人数や料理の方法を考え、食べきれる分だけ買うようにしたほうが、結果的にムダもなく食費も節約できる。

細かいことですが、たとえ数百円の節約でも年間では数万円になるかもしれないのですから。

私も実際に買いものに出かける際は、献立を決め、メモをしてからにしています。

野菜は料理に使うものを中心に、食べきれる量を買う。

キュウリなど3本200円のパック入りより、必要な分だけ、1本70円を選んだほうが1回の出費も減って使い切る満足感も得られます。

ちなみに、毎年の年末を過ごすオーストラリアでは、スーパーの野菜売り場で必要な分だけ量ると金額が表示され、レジで精算するのでムダな買いものが減り便利。

この方式がもっと日本でも普及すればいいのにといつも思うのですが……。

満腹より少しの空腹感

年を重ねるにつれ、毎日の食事の量を調節することは大切です。

若いときと同じ食生活を続けていると、過食になりカロリーや糖質がオーバー、体調が悪くなる、ということにもなりかねません。

これまでの〝一日三食〟の食生活は守るとしても、中身を変えるだけでかなり健康的な食生活になるもの。

たとえば、朝が野菜と果物だけであれば、昼は肉や魚を交互に好きなだけ食べる。

こんなとき、〝食事日記〟を見れば、何を食べたかがわかり、栄養のバランスをとる参考になる。

夜は、炭水化物を控え、消化の良いものを20時までに食べる。

寝る前は満腹より少々空腹のほうが朝の目覚めは快適で、体重も増えません。

私自身、最近は、朝起きて、お腹の虫がグーっと鳴って空腹を知らせてくれるのを健康のバロメーターにしています。

こうして量より質で勝負すれば、自分に合った食事の方法も見つかります。

次で紹介する、ちょっとした心構えや習慣も、元気な体や豊かな心を保つための参考にしてください。

①食事は腹八分目

美味しいと感じるのは、満腹の一歩手前まで。それ以上だと何を食べてもどんなに美味しいものを食べても〝美味しい〟と感じなくなるそうです。

年を重ねると、ある程度の自分の満腹ポイントがわかってきます。きたきた、と感じたら、食べすぎないようにします。

②毎朝、起きたら、体重を測る

毎朝体重を測ることを習慣にします。
自分のベスト体重はいくらかをしっかり知っておくこと。
体重は自分の体の状態を知らせてくれる大切な健康の目安ですから。
昨日の食事日記を参照すれば、何を食べれば体重が増えるかがよくわかります。

③食事を楽しむ

毎日のカロリーオーバーや食べすぎが気になって食事が楽しめないのは不幸です。
たまの外食では、カロリーを減らすことや食べすぎを気にしない。
年を重ねると、食べすぎた翌日は、必ず体が「今日は控えめに」と教えてくれます。
自然としばらくはこってりした〝ごちそう〟を食べたくなくなります。

食は人間を心身とも元気にしてくれる源です。

自分の体によいものを知って、積極的に取り入れることが大切。

残りもので料理を楽しむ

今の時代、食材も使い捨てするようになり、残ったものを上手に活用することも少なくなりました。

必要な分だけ買って料理をすれば残らないのが普通ですが、それでも野菜の切れ端が出たり、作りすぎて料理が残ってしまうことなどはあるもの。

そんなとき、私はいつも、子どものころ隣に住んでいたおばあさんのことを思い出します。

夏の夕暮れどき、そのおばあさんが、庭で炭火を起こして、大きな鉄鍋に残りものらしき野菜類を刻んで入れ、炒《いた》め始めるのです。

最後にとき卵をざっと流して大皿に移してまず一品。

続けて、できあがった卵と野菜の炒めものを少し鉄鍋に残しておいて、そこに冷やご飯を混ぜてさらに炒飯《チャーハン》を作る。

残りものの材料に少しの手間を加えることで、美味しそうな香りの二品のご馳走ができあがるのです。

子どもの私には、その慣れた手つきがまるで手品を見ているようで、いつも自宅の庭先から隣の庭を今日は何だろうかと覗くのが楽しみでした。

最近では、そのおばあさんを懐かしく思い出しながら、残りものの有効活用を楽しんでいます。

・煮込み料理の残りは、野菜を加えて別の料理に変身させてみる
・カレーなどは、残りとゆでたじゃがいものコンビで美味しいコロッケに
・欧米の市場やスーパーでは、野菜の切れ端や根を集め、スープストックとして堂々売っているので、それを真似て、よく洗った野菜の皮などをスープのだし取りに
・大根の葉はよく洗って、味噌汁の具やぬか漬けに

・野菜の残りは、卵とじの具の材料にすると栄養も満点、野菜不足も解消

こんなふうに、持てる脳細胞をフルに稼動させる残りもの料理は、〝ボケ防止〟にもつながります。

食材や食費のムダを省くことができますし、捨てるはずのものが美味しい豪華な一品に変身するので、自然と気持ちも華やぐ。

サラダ、パスタ、煮込み料理、混ぜご飯、カレー、リゾット……。

今後も残りものを使ってこれまでにない料理に挑戦してみたい。

子どものころの近所のおばあさんの〝魔法のお鍋〟を思い出しながら。

自分で料理する

つくづく、料理が苦にならず、好きでよかったと思う。

掃除のプロなのに、実は掃除はそれほど好きではなく、きれい好きで上手ですが、どちらかというと料理のほうが好き。

たまには、デパ地下で老舗《しにせ》の美味しい惣菜を買うが、煮物やサラダなどの手作りの一品を付け加えなければ、手抜きをしたようで心が落ち着かない。

もちろん、忙しい一日を過ごし、へとへとになったときは、好きな料理も何もしたくないことがある。

そんなときでも、手早く簡単に作れるメニューを選び、食卓に並べる。

疲れているから、時間がないからは、料理しない理由にならない。

私の場合、どんなときでも料理をしたほうが体も心も満足するようです。

というのも、インスタントやレトルト食品は、塩分が多く味が濃くなりがち。添加物も入っていることが多いし、材料の産地もわかりづらい。

出来合いの惣菜も、毎日買うようだと財布も心も疲れてしまう。

その点、手作り料理はお金もかからず、体にもやさしいのです。

まだまだ現役世代の忙しい人なら、多めに作って冷凍すればそのまま温めて食べられるし、調理回数が少なく済む。

料理を敬遠しがちな方や料理に無縁な男性の方には、自分のためにも、手早くできるメニューを一つでも知っておくことをおすすめします。

では、何からやればいいのでしょうか。

まずは、カレーなど、一度の料理で何度も楽しめるレシピに挑戦し、欲張らずに週1回程度の少ない料理の回数から始めてみてはいかがでしょうか？

料理は最初から難しいレシピに挑戦すると長続きしないもの。

以前、料理に挑戦すると言って、高度で複雑な料理本を買ってきた夫に、「後片付けをきちんとやって」と励ましたつもりが、その一言でやめたとなった。

私の苦い経験から、料理嫌いや初心者の方には、まず台所に立って、野菜や食器など洗いものから始めてもらうといいかもしれない。

何事も本に頼らず体で慣れることからスタートするのが肝心ですから。

急に一人暮らしになった家事経験ゼロの高齢者は、まず近くのスーパーやデパ地下を散歩しながら食材を買う練習から。

次に野菜を洗って手でちぎれば食べられるサラダや用済みの汚れた食器を洗うことから始めるといいかもしれません。

少しずつ家事の世界に足を踏み入れると、面白い発見や工夫があり、くたびれた脳が活性化するきっかけにもなるようです。

手料理のポイントは、手軽で簡単、材料費も時間もかからないこと。

今はいろいろ簡単にできるよう工夫された手作りレシピが、ネットや本に掲載されていますから、研究して試すこともおすすめです。

私はというと、最近はキッシュにハマっています。

生クリームやパイ生地を使わず、ヘルシーにアレンジした自己流ですが、ほうれん草やかぼちゃ、玉ねぎ、アスパラなど野菜を刻んで卵と混ぜ、オリーブ油を引いた小さめの丸いフライパンに入れトースターで焼くだけ。

冷蔵庫に消費期限が切れそうな卵を見つけると、まずキッシュ。お好みでチーズやトマト、食パンの残りなどをトッピングしてもいい。有名ベーカリーの味にも負けない豪華で栄養満点、美味しい自己流キッシュができあがります。

野菜やたんぱく質など栄養価の高い自炊は、気力も体力も充分養われ、何歳になっても、若々しさを保てる最高のリクリエーションかもしれません。

水を飲むことを意識づける

私は意識して水を飲むようにしています。

起きた後、食前、食事中、食後、寝る前にそれぞれコップ一杯。

お腹が空いて、つい甘いものに手を出しそうなときも、まずお水。

もちろん、スポーツや散歩で汗をかいたときなども。

たっぷりの水を飲む習慣は、健康な生活に必要なものです。

一日の水の必要量は、私の場合、大体1・5ℓ。

必要量の水を飲んでいれば、もっと水分を摂りたいと思わないでしょうし、ビールや清涼飲料水の飲みすぎを防げる。

普段あまり水を飲まない人は、手元に水を置いておくと、水を飲む習慣がつきます。冷やしたものでなく常温で、寒い冬などは白湯《さゆ》もおすすめです。

卓上ポットにお湯を入れておけばいつでも飲めて便利ですし、風邪予防にもなります。

仕事柄、講演をする機会が多いですが、必ず水を口に含んでから登壇します。驚くほど頭がすっきりし〝舌好調〟です。

もの忘れにも効果があるとのことで、何かを思い出そうとするときも、コップ一杯の水をゴクンと飲むのはおすすめ。

実際に8割の確率で思い出します、私の場合ですが。

若さを保つたんぱく質

知り合いの一人暮らしの80代の父上が急に元気がなくなったので、医者に診《み》せたところ、どこも悪くない。

結局、野菜ばかりで肉類を食べていないというので、週に3回ほど牛肉や鶏肉、卵を食べるようになったら、みるみる顔色もよくなり生気を取り戻したという。

いつまでも若々しく元気に過ごすためには気力も体力も大切。

ところが、高齢になると、なんとなくやる気が出ない、気力が衰えた、と感じることも多いもの。

こうした変化は、加齢によって脳の機能が低下し、気持ちを積極的にさせる〝ドーパミン〟が足りなくなっているからといわれます。

そこで先述の父上は、ドーパミンを増やすために、主原料のたんぱく質を充分に摂ることをすすめられたのです。

高齢になると、「食も細くなったし、肉はよくないから菜食に」とつい肉類を遠ざける傾向にあります。しかし、これでは、元気まで奪われてしまう。

野菜はもちろんいいのですが、大切なのは一緒に適度に魚や肉の良質のたんぱく質を上手に取り入れること。

たくさん食べようとすればしんどくなりますから、〝量より質〟の食生活を心がけましょう。

どうしても肉は嫌いという人は、同じたんぱく質を含む納豆などの豆類やアーモンドもドーパミンを増やすのにおすすめです。

私は、運動の後や頭を使って脳が疲れたかなと思うときは、クルミやアーモンド、ピーナツなどをつまむようにしています。

もちろん好き嫌いもあるでしょうし、いくら体にいいといわれても過剰に摂取すれば、マイナスになることもありますから、自分が気持ちよく食べられるものをバランスよく取り入れていきましょう。

体の中から元気を呼び起こす

わざわざ高いお金を払って健康器具を買ったり、健康法をやる前に、毎日の習慣や行動から心と体を鍛《きた》える方法はたくさんあります。まずは年とともに眠ってしまった自分の体を目覚めさせ、若さと元気を引き出すことです。

① 後ろ姿に自信がありますか

年齢は、歩く姿に現われるといいます。

顔のシワは厚化粧をすれば隠せても、遠くから見る後ろ姿や歩く格好を見れば、若くないなとはっきりわかってしまいます。

とはいえ、理想はまっすぐに伸びた背中でも、パソコンに向かっているわが姿は、猫背状態になりがち。デスクワーカーは、ときには手を休め、背筋を伸ばすなど、チェックが必要でしょう。

背中の筋肉は普段あまり使わないこともあり、年齢とともに弱くなるもの。

そのため、意識しないと年々背中が曲がって猫背になるのです。

お医者さんによると、猫背になると見た目の問題だけでなく、胸郭《きょうかく》が狭くなることで充分な酸素が取り込めなくなり、肺活量にも影響するなど、実際の老化も早めてしまうとのこと。

いつも背筋をピンと伸ばし、さっと早足での歩きを心がけることは、見た目はもちろん、健康にも重要なのです。

そういう私も、最近は、街を歩くときは、店舗のガラスの窓に映る自分の姿を意識して見るようにしています。

たまに夫と街を歩くと、店のガラスに映る姿をちらちら覗く私を見て「いい年をして自意識過剰だね」と笑われることもありますが、何を言われても気にしない。

背筋がピンと伸びているか、わが姿を歩きながらチェックしているのですから。

人間ドックで看護師さんからの「身長が毎年変わりませんね」という一言の重要性がわかってきた今日このごろ。

身長が変わらないのは、背骨がまっすぐな証拠。

老女への健康的ほめ言葉なのです。

②〝ながら〟で運動量を稼ぐ

毎日体を動かすようにしています。

歩数でいうと、一日大体5000歩くらいを目標に。

とはいえ、働いている人であれば、運動時間を確保するのは大変なもの。それに「運動をしなくては」と過剰に意気込むと逆に億劫《おっくう》に感じる人もいるでしょう。

そこで私は、〝ながら〟で運動を取り入れることを意識しています。

たとえば、自宅なら、用事を見つけては階段を上り下りすることで、足腰の筋肉を鍛える。

小さな庭の枯れ枝の手入れや水やりなどの庭仕事も、新鮮な空気を感じながら体も動かせていい気分転換と運動になる。


外に出たときも、電車などは運動のチャンス。

駅を利用するときは、エレベーターやエスカレーターに頼らず階段を使う（ただし、下りるときは足腰に負担がかかって転ぶ危険があるので、高齢者の場合、エスカレーターを利用するのもおすすめ）。

電車に乗るときも、空席を見つけても一目散に座りに行かずに、立ったままでしっかりと姿勢を保ちながら、揺れに任せて体のバランスを取って体幹の筋肉を鍛える。


満員電車も嫌がらずに、運動するいい機会ととらえて、つり革につかまり、背伸びをして、足腰の筋肉の訓練にしてしまいます。

一度、スマホ片手の（不健康な！）若者に嫌な顔をされたが気にしない。

変なばあさんと思われても構わない。

こうして隙間時間《すきま》を活用しつつ、〝ながら〟で細切れに運動すると、一度にはできないほどの運動量を稼げるものです。

ちょっとした工夫で、どんな場所も安上がりで簡単なトレーニングジムに〝変身〟します。

③ひと手間加えてさらに簡単トレーニング

体を動かしたり、スポーツができるのは高いお金を払ったジムだけとは限りません。

かつての私は、ジムに通うことがストレスになり、何かの理由を考えては〝登校拒否〟の状態になり、わざわざお金を払って健康より心の不健康を買う状態でした。

今でもジムには週3回ほど通っていますが、現在はジムを激しいトレーニングの場ではなく、健康的に〝楽しむもの〟と割り切っています。


日常の生活行動の中でも運動のチャンスはいくらでもあります。

・歯を磨きながら、両足を曲げたり伸ばしたり軽くスクワットをする

・靴下は片足ずつ、交互に立ったまま履く
・シャツやブラウスを着るときも片足立ちをする
・掃除機をかけるときは手足を大きく伸ばす
・窓ガラスを磨く動作は、二の腕を意識しながら、動作を大きく、背筋を伸ばす
・引き出しを開けるときは両膝を屈伸《くっしん》させる
・荷物は両腕に持って、歩きながら上げたり下げたりする
・頑丈な柱を5秒くらい両腕で強く押し、腕や足腰の筋肉を使う

この程度であれば、普段の生活の中でも簡単にできて、思い出したときにやると負担にも感じません。

義務感が芽生えると長続きしませんから、運動が足りない、と思ったときに、軽い気持ちで取り入れてみてください。

心から微笑む

毎朝、洗面所の鏡の前でニッコリと微笑《ほほえ》むのが私の一日のはじまり。

今日もいいことがありますように！

心から微笑むと、今日一日本当に良いことがあるように思えるので不思議です。

昔から〝笑う門《かど》には福来《きた》る〟といわれますから、たいしたことでなくても、何かのきっかけがあれば、ガハハと大声で笑うことにしています。

そんな笑い上戸《じょうご》の私の得意芸は、笑うときは涙を流さんばかりに笑い転げること。

まわりの人もつられてアハハと大合唱になることもしばしば。

あとで考えると、何がそんなにおかしいことだったのか、はてな（？）マークが多いこともありますが、そのときはお腹がよじれて汗をかくほどの大爆笑だったのです。

最近では医学的にも、笑いによってつくられた脳内の神経伝達物質（ペプチド）が、人の免疫システム（NK細胞）を活性化させ、がんに対する抵抗力も病気の治癒《ちゆ》率も高めるといわれています。

この免疫システムは、ストレスや悲しみ、不安には弱く、低下してしまうとのことなので、暗い気持ちで過ごすのではなく、ニッコリと笑顔を作るちょっとした努力も大事なのです。

私もそんなことを意識しながら、今日もガハハ、アハハと大げさに意識的に声を出し、脳の免疫システムを活性化させ病気の予防に努めています。

大げさに笑うのはちょっと、という人はニッコリ微笑むことでも効果があるそうです。

笑い上戸の私は、ときどき公衆の面前で、心から大笑いしたくなり、必死で笑いを堪《こら》えることがあります。

こんなとき、脳細胞に与える影響はどうなるんだろう？

そんなことがちょっと気になりながら、また微笑む毎日です。

大いに感動する

笑いと並んで若さと健康を保つのに大切なのが、〝感動する、ときめく〟心。

幸せを自分で作り出すことは難しくても、ちょっとしたことで幸せを呼び込むことはできます。

心から感動してときめいたときに、幸福感が体中に広がるのを感じたことがないでしょうか。

青空に広がる白い雲、点のような飛行機が音もなくどこか遠くへと流れるように線を描いていく。

そんな光景を見たとき、内面から湧き上がる思いで心が満たされ、幸せだなあと自然と叫びたくなることが私はあります。

どうしようもない郷愁《きょうしゅう》が湧き起こったり、きれいな花を見て美しいと感動したり、スターに淡いバーチャルの恋心を持ったり、見知らぬ街を一人で訪ね歩いてワクワクしたり……そんなことはないでしょうか？

こうした日々の何でもない小さな〝心のときめき〟は、お金をかけなくてもその気になって探せばいくらでも見つかります。

ときめく感情は、幸せホルモン（セロトニン）の働きといわれ、気持ちが落ち着いて呼吸も深くなるとともに、ボケ防止などの健康効果も大きいといわれています。

この幸せホルモンは、単純に「美しいなあ」「素敵！」「美味しいな」と思うだけで自然に分泌されるそうですから、どんな小さなときめきや感動でも健康で若々しい生活につながります。

もう年だからとあきらめず、いくつになっても童心に返り〝ときめく心〟や〝感動する気持ち〟は持ち続けたいものです。

自然を感じながら散歩をする

考えごとや悩みごとがある場合は、とにかく散歩に出かけることにしています。新鮮な空気を吸いながら歩くことで、心も軽くなり、足腰の筋肉も強くなる。体重のコントロールもできて、毎日を爽やかな気持ちで過ごせます。

散歩好きなドイツ人やイギリス人は、天候に関係なく散歩を日課とします。友人のドイツ人は、雨の日も雪の日も天候に左右されません。寒ければ暖かい厚手のコートを、雨風が強ければウインドブレーカーを着る。服装をその日の気候に合わせればいい。むしろ、暑さや寒さを肌で味わい、季節の移り変わりを体で感じながら、まわりの景色を楽しむのです。

散歩は、呼吸をしながら運動できる格好の有酸素運動でもあります。

有酸素運動は認知症や生活習慣病予防にも効果があるといわれていますから、中高年にはおすすめです。

ゆっくりと歩く散歩も、息が少し切れる程度に足を意識して上げて早足で歩くウォーキングもどちらもいいでしょう。

どちらを選ぶかは、自分の性格や体力、気力に合わせるのがいいかもしれません。

私はというと、日によってコースを変えながら散歩をしています。

文豪のゲーテの真似をして歩きながら道端に花の種をまきたいのですが……。

今の時代、勝手に種をまくと問題になったりもするので、歩く中で芽吹いたり、つぼみになったりする植物を見つけながら、それがやがて春に花を咲かせるのを楽しみにしています。

あくまで一例ですが、こんなふうに散歩の中に楽しみを見つけると、歩きながら心にエネルギーも生まれ、ささやかな生きる活力になりそうです。

快適な目覚め

寝不足はもちろん、寝起きの悪さに悩んでいる人も多くいます。

睡眠は、脳を充電させ、元気を出し、考える能力を活性化させるためのものです。できるだけ寝る時間と起きる時間を決めて規則正しい生活を守りながら、眠気を引きずらずに快適な朝が過ごせるよう、工夫してみましょう。

①起きてすぐ水を飲む

人は寝ている間に、1〜2ℓくらいの水分を失っているといいます。

先ほどもお伝えしましたが、朝気持ちよく目覚めるため、起きてすぐコップ一杯の水を飲みましょう。

私は、すぐ飲めるよういつもベッドサイドにペットボトルの水を用意しています。

②全身で背伸びをする

ベッドから起き上がる前に、思いきり背伸びをします。犬や猫がよくやるように。

眠っている間に、縮んでしまった筋肉を伸ばすのです。

なんとなく起きるのが億劫な朝は、仰向けに寝たまま、両手を頭の上に、両足をまっすぐ下に〝Iの字〟になるように目いっぱい体を伸ばし、大きく深呼吸します。

これを何回か繰り返すうち、気持ちが〝今日も頑張るモード〟に切り替わっていきます。

③ベッドサイドにお気に入りの香り

いつもベッドサイドには、京都の香り袋を置き、ほのかな香りで気持ちよい目覚めを誘うようにしています。

時折、柑橘《かんきつ》系の香りに変えることもありますが、これも目覚めたときすっきり爽快です。

④窓を開ける

窓を開け、新鮮な空気を部屋にも体にも取り入れましょう。部屋に古い空気が淀んでいると、気分も憂鬱になり、部屋も汚れやすくなります。空腹を感じながら、新鮮な空気を吸い、全身で太陽の光を浴びると、血のめぐりがよくなるといわれています。

⑤朝のシャワー

暑い夏は、シャワーを浴びると目も覚めます。寝ている間にかいた汗も流せて、さっぱりします。

⑥朝の準備は前日に

その日の服装は前日に決め、用意しておきます。朝食の準備をしながら、気分のよくなる緑茶を一杯。もちろん、朝食の下ごしらえは前日に済ませておきます。すべての家事労働は、ネクストを考えながらやると、手間も時間もかかりません。

昼寝のすすめ

ある日、75歳の知り合いの女性から電話がかかってきました。

この10年余りリューマチと闘っている彼女は、最近は寝ている間、関節が痛んで睡眠が充分とれないと嘆いています。

痛み止めや睡眠薬を飲んでも収まらず、全身の苦痛でどうしようもないらしい。

年を重ねるたびにひどくなるので、やっと関節の外科手術をする決心をしたが、病院の都合で2カ月先になり、それまで痛みに耐えられるかどうか。

昼間、寝不足で頭がボーッとして、無気力になり、体もしんどい。

かなり悲観的になっていました。

そこで「一日中ずっと痛いの?」と聞いてみると、「昼間は関節の痛みもあまり感じないが、夜になって横になると痛さが増す」とのこと。

それを聞いて、「夜眠れなければ、昼寝をしてみたらいいのでは?」と軽い気持ちで言ってみたのです。

「昼寝……？」

今は年金暮らしですが、長い間真面目に働いてきた彼女にとって、睡眠は夜とるもの。昼寝はなんだか後ろめたく感じている様子でしたが、痛みのほうが上回っていたこともあり、「昼寝をしてみる」といってその日の電話は終わりました。

数週間後――。

再び彼女から電話があると、前回よりだいぶ明るい声で、昼間うつらうつらしたら抵抗せずに昼寝をするようになったこと、それ以来昼寝を取り入れてずいぶん体がラクになったこと、を教えてくれました。

結果として、彼女は昼寝をすることを自分に許せたことで、無事手術までの間、痛みと上手に付き合うことができそうです。

たとえ、この女性のようにリューマチなどの症状がなかったとしても、一般的に高齢になると眠りは浅くなってくるもの。

そんなときは、昭和の社会で頑張ってきた方ほど「昼寝なんて」と思いがちですが、ここは健康第一で昼寝に対してプラス思考になることです。

夜に熟睡できなくて眠りが足りないならば、昼寝で一日全体の睡眠量を補い、快適な睡眠リズムを作ればいい、と大きく考えましょう。


ちなみに、ドイツでは、ある企業が昼寝のための休息部屋を設けたところ、仕事の効率が高まった、という報告もありました。

同様のことは近年日本でもよくいわれているので、昼寝の効用をご存知の方も多いでしょう。

ある調査によると、昼寝をすると心筋梗塞《しんきんこうそく》の危険が減るともいわれています。

いろいろとメリットがありますので、「だらしがない」などと考えず、必要なときは前向きに昼寝をしたほうがよさそうです。

穏やかな毎日を守る心得

人生いつもいいときばかりではありません。

せっかくうまくいっていても、少しの驕《おご》りや油断で、それまで築き上げたいい状態が一気に崩れることもあります。

常に自分の中に冷静なもう一人の自分を置いておき、自分を律して乱されないようにしたいものです。

①比べない

お金であれ、名声や美貌であれ、自分にないものを他人と比べ、ねたむ心があれば人生は悲しいものになります。

若いうちは他人を意識し競争することはいい意味での向上心につながることがありますが、年を重ねてもまだ他人と比べ自分の欲望や嫉妬《しっと》で悶々《もんもん》とするのは不幸かもしれません。

チャップリンの名作『ライムライト』の中の名言通り、「人生には勇気と想像力、そして少しのお金があればいい」のですから。

〃人はひと、自分はじぶん〃と割り切って、むしろ応援してあげるほうが豊かな気持ちになれることがあります。

他人の生活に嫉妬心を持ったところで、何ら今の自分の暮らしがよくなるわけではないことは、重ねた長い人生経験を振り返ってみれば、自《おの》ずとわかるはずです。

②光と影&表と裏

さらに、人生には光と影、表と裏があるということも知りましょう。

いつもいい思いをしている人はいない。

悲しいこと、つらいこと、嬉しいことがあるのが人生。

お金があってもなくても、どんな人にも幸せや不幸は平等にやってくる。

名声の裏には人に言えない血のにじむような努力やたまたまのめぐりあわせもある。

才能のある人には、それを高め維持するためにすべてを犠牲にし、自分との日々の苦しい闘いが待っている。

事業で成功する人は、人並みの楽しみをあきらめ、家族を犠牲にし、金策に悩み、それなりの敵を作り、今の成功がある人が多い。

他人が見て、いいなあと思えるものには、必ずそれへの犠牲や代償が払われていることを忘れないことです。

他人をうらやんで嫉妬するのは、ただ結果だけを見ているだけという現実を思い知ることです。

③足るを知り、お金に縛られない

禅宗のお坊さんは、修業に入るときの持ち物は風呂敷包み一個だそうです。

食事は簡素なもので、毎日厳しい修行を重ね、身も心も清めていくのです。

今すべきことに全身全霊を込めてこそ、余計なものをそぎ落とすことができると悟《さと》るのです。

人間にとって本当に必要なものはそんなに多くありません。

禅宗のお坊さんのような生活をしなくても、暮らしをシンプルにしていくことはできます。

少ないもので、すっきりとした暮らしをする。

私の場合、引っ越しのたびに食器を減らし、今は以前の半分以下の量で暮らしています。

普段使いもゲスト使いも同じ食器なことは前にも述べましたが、不便を感じたことはなく、むしろ気に入った良い食器が毎日登場するので、豪華な晩餐会《ばんさんかい》のような気分になります。

さらに、他人が多くの高価な食器を持っていても、うらやましいと思うこともありません。

自分にとって、これ以上の食器はもう必要ない、充分足りていると心がわかっているからです。

④孤独な〝ケチ〟にならない

お金があってもあの人はケチだと思われて、まわりから孤立するのは淋しいと思います。

簡素な生活をしながら、上手にお金を使い、交友関係もシンプルに、相手も自分も楽しい人間関係が築ければ最高です。

節約上手な人は、ムダな消費を控え、貯めたお金の使い方にメリハリをつけます。

お金を必要以上に惜しむのがケチ。

お金を使わないことが目的になってはいけない。

老後に必要だからと、お金をケチケチと貯めるばかりでは人もお金も寄り付きません。

お金は、ある程度の預金があれば、あとは自分や他人の幸せに使ってこそ価値があるものなのです。

人的ネットワークを大切に

極端な孤独を好むなら別ですが、何歳になっても人生を充実させたいのであれば、上手にお金を使い、気の合う人との交流を大切にすることです。

趣味やボランティア、スポーツで新しい仲間を見つけるのもいいでしょう。

かつての同窓生仲間で年1回程度の飲み会や親睦《しんぼく》ゴルフをするのも何か新しい発見や出会いがあるかもしれません。

ただ、若いころと違い、年をとると、時間やお金、体力や気力にも限りがありますから、相手を選ぶこと。

退職した人であれば、会社の関係だけではない、本当に大切な人、これからも長く付き合っていきたい人と出会い、新鮮な交友関係を深くしていきたいものです。

とはいえ、年齢を重ねてからの新しい出会いはきっかけが難しいもの。

こうしたお話をすると、「この年になってどうやって新しい出会いを探せばいいんですか?」と質問を受けることもあります。

そんなとき、私は〝オープンハウス〟というものをおすすめしています。

かつて住んでいたドイツでよく体験したのですが、友人に誘われて知らない家に招かれるので、新しい出会いを広げるチャンスとなりました。

その仕組みは、自分の家を6カ月に一度、18〜21時の間で開放してオープンハウスにし、4〜5人の直接の友人に、「知り合いや友人を連れてきてOK」と声をかけるものです。

こうすると、芋づる式に来訪者も増えて、中には趣味やセンスが合うような深いつながりを持てる友人に出会えることだってあります。

食べものは各自一人一品持ち寄ってくる、というルールなので、大人数になってもホストの負担も少なく、用意に手間取ったり困ることもありません。

もちろんいきなりたくさんの人を呼ぶのは大変ですから、まずは、自分の知っている友達との間でホームパーティーをして、地ならしをしてから、友達の友達にも徐々に来てもらえるようにすると、ハードルも下がるでしょう。

面倒くさく感じる人もいるでしょうが、最初は誰もが新しい出会いを望む気持ちと面倒くさいと感じる気持ちを同居させていますから、勇気を出して一歩踏み出すことが大切です。

お金ではなく、小さなひと手間をかける

心の渇《かわ》きやイライラを防ぐためにも、小さな手間を惜しまずにかけてみましょう。

たとえば誰かに贈りものをするなら、市販のものにひと言添え、野で見つけた季節の押し花をそっと挟んでみる。

お金の多少ではなく、贈り主の細やかな感謝の気持ちが何倍にも伝わるはずです。

また、ひと手間は誰かのためだけでなく、自分のためにしてあげることも大切。

高齢になれば出歩くことが億劫になることもありますから、家で過ごす時間を楽しいと思えるよう、工夫してみるのです。

私は、暮らしやすいように、部屋の家具やものなどは〝定位置・定番・定量〟を心がけていますが、同じようなものを毎日目にしていると、慣れすぎて最初のころの感動がなくなることもあります。

そこで、新鮮な気持ちを呼び起こすように、ドイツで手に入れた水彩画の風景画集を一枚ずつはがし、A4くらいの大きさの額に入れ、よく見えるリビングのコーヒーテーブルや暖炉《だんろ》の上に飾っています。

月に1回違うものと差し替えると、部屋の雰囲気も変わり、日々の単調な生活が新しく生まれ変わったように楽しく新鮮に感じます。

他にも、トイレなら散歩の途中で摘《つ》んできたドクダミの花を消臭剤代わりに飾ったり、キッチンならりんごやみかん、グレープフルーツなどの季節の果物をかごに入れ、食べるインテリア兼消臭剤として楽しんだり。

玄関のテーブルなら、お雛様や鏡餅など、季節の飾りものをちょっとした置物として置くと、部屋に居ながら四季折々の喜びを感じ、単調な日々にちょっとした刺激になります。

どんな小さな手間や工夫でも、遊び心を加えれば、いつまでも飽《あ》きずに、新しい生活習慣を呼び込んでくれるものです。

〝老いのイライラ、不安〟から自分を解放しましょう

年を重ねると、動作が遅くなった、もの忘れが多くなった、と今まであたりまえにできていたことが、少しずつ変化し、減るもの。

また、老いへの不安を感じると、知らず知らずのうちに心に余裕がなくなります。するると、つい怒りやイライラにとらわれがちになってしまいます。

でも、そんなイライラにとらわれていても、自分が損するだけ。

自分の衰えも加味しながら、対策を考えていけば、落ち着いて対処できるようになり

ます。

① **怒りやイライラ**

自分の些細《ささい》な失敗で怒りやイライラ感が湧き起こることがあります。

水道の蛇口を閉めたつもりが、一晩中ポタポタとしずくが落ち、せっかくきれいに拭いたシンクが濡《ぬ》れている……。

針の穴に糸がなかなか通らない、気がつけば10分以上悪戦苦闘していた……。

こんな怒りやイライラの原因は、自分の能力を過信せず、あらかじめ衰えも考慮に入れ、その場で蛇口をもう一度しっかり閉めたかどうか点検したり、裁縫《さいほう》用の糸通し器を用意しておいたりすれば、解決することでしょう。

後ろから雑踏で突き飛ばされたとしても、近ごろの若いものは礼儀を知らない、と怒りの矛先を若者に向けるのはやめる。向けたって変わらないのですから。

まだまだ今の社会は高齢者に冷たく、若者にやさしいと自覚することです。老人の自分を粗末にするなんてけしからん、と怒らず、自分のことは自分で守る気持ちを持つのです！

切符を買うなら、いつもより動作を機敏にし、あらかじめ小銭やカードを用意しておけばまわりに迷惑をかけずスムーズにできる。雑踏を歩くときも、道の端を選んで、足元が不安なら、文字通り〝転ばぬ先〟の杖《つえ》に頼れば問題なく過ごせるもの。

映画やレストラン、美術館などのシニア割引など、年をとることのメリットもたくさんありますから、積極的に利用すれば、自分の財布の紐を緩めずに昔以上に今を楽しめます。

年を重ねた人ならではの知恵や特権（！）を使い、生きやすい環境を自ら見つけ楽しむことです。

怒ることよりも先にできることを見つけられるようになると、生活の幅も心もグッと広がります。

②不安からフリーになる

年を重ねると、不安という感情がますます膨らんでくるようです。

自分の不安は何なのか、どこからくるのか。

その原因を突き止めて、冷静に向き合うことです。


病気になったらどうしよう……。

ひざが痛むけど、何か悪い骨の病気ではないだろうか……。

最近名前が思い出せないのは、認知症の入り口ではないか……。

こうした病気への不安は、医学的にチェックし、結果を恐れずきちんと処理して対応していく。

不安を野放しにしないで必要に応じて医師の力に頼ることで、かなり不安や恐れから解放されます。

また他にも、老後貧乏にならないか……。

自分の預金は、マスコミの言う安心の老後資金には程遠い……。

この先もお金に困らずに暮らしていけるのか……。

こういったお金のこともあるでしょう。

経済的不安は、今の収入や支出を把握し、このまま将来もお金に困らずやっていけるか、もっと切りつめて賢く生活するべきかなどを確かめる。

年金だけに頼らず、できるだけ働いて元気なうちは少しでも収入を増やす。

そうすれば、家計も気持ちにもゆとりができるものです。


なんでも後ろ向きに〝バーチャルな老後不安〟を恐れながら生活するのではなく、前向きに検証して処理していく。

すると、現実が見えて、ずっと気がラクに明るくなるはずです。

交友関係を変える

年を重ねてからの友人関係は、若いころ同様にはいかないことも多くあります。たとえ、若いころはあれだけ仲がよかったのに、という相手でも、現在嫌な思いをさせられるくらいなら、自分の環境や交友関係を変えたりすることも必要です。

年を重ねて、今まで親友だと思っていた人のちょっとした行動や言葉にムカついたり失望することはありませんか？

若いときは何を言われても笑い飛ばせたが、老齢のシワの多さを気にしているときに、「顔中シワシワになったね」と本当のことを遠慮もなくズバッと言われるといくら親しい仲でも内心ムッとくる。

相手も気持ちの余裕がなくなっているのね、と許す寛大な気持ちになれればいいのですが、そういうものほど、いつまでも小さなことが心に引っかかり気になってしまうもの。

高齢者のムリは、高じると老人性のうつ病を引き起こしかねないので、嫌な感情をいつまでも引きずらないために、遠慮せずに友人との付き合い方を少し変えてみることも賢明です。

もういい年だから、と今までの人間関係に縛られて、これからの短い世界をさらに狭くしないほうがいい。

気の進まない付き合いは、少し距離を置いたり、年に一度の年賀状交換くらいにしてみるなど、波風が立たない程度に、上手に賢く変えるだけ。

そうすれば、心穏やかに毎日が過ごせそう。

ついでに、人のふり見てわがふり直せ、も大事なことです。

自分だって人に不快感を与えるような行動や、ネガティブな発言をしていないか。

もし人を傷つけていれば、今度はあなたから、友人、知人が少しずつ離れていくことになるのですから。

必要以上にまわりに媚《こ》びる必要はありませんが、自然体で好感の持てる人物になることです。

ありがとうの気持ち

たまの愚痴《ぐち》ならいいが、会うたびに話題が不平不満のオンパレードや病気のことばかり続くと、いくら寛容な心の持ち主でも聞いていて嫌気がさします。

後ろ向きでネガティブな言葉は、人の心を温かくしません。

前向きで明るい言葉は、気持ちが和み、生きることが楽しくなります。

ありがとう、楽しかった、また会いましょう、と心から感謝する。

人生は、一期一会。

どんな人とも、〝また今度〟が来るかどうかはわからないから、今に感謝し、誠意を尽くす。

相手に対する気配りがあればこそ、感謝の気持ちが伝わり、心からありがとうの気持ちになれるのです。

先日、電車の中で若い女性に席を譲られて「結構です」と断ったという60代の知人男性が、「年寄りに見えたらしい」と嘆いていました。

しかし、私のような老婆の目にも、見るからに彼は年相応、青年には見えない。

彼のショックももちろんわかります。

でも、自戒も含めてあえていえば、もしその場で若い女性のやさしさのほうに思いを向け、「ありがとう」と素直に応じていたら、その若い女性と老齢の知人の心に違う温かい風が流れて素晴らしい瞬間になったかもしれない、と思うのです。

ありがとうは有り難う、つまり、有り難し、難しいあり得ないことなのです。

そして、人からの好意というのも、難しいあり得ないこと。

だからこそ、その思いに素直に応えられる自分でありたい。

めったにないことに感謝の気持ちを込めたいものです。

ありがとう。

エピローグ
お金は賢く、心はぜいたくに

なんとなく老後のお金が心配という人が増えています。

何歳になってもお金の不安はつきものですが、とくに先の見え始めた高齢者の老後不安は深刻かもしれません。

しかし、いくら心配しても不安が消えるわけでもありません。

貯金が底をついたらどうしよう、病気になったら、独りになったら、淋しい。

よく活字で目にする〝老後貧乏〟という言葉も、〝貧乏〟そのものの正体は漠然として曖昧《あいまい》です。

誰もが初めて足を踏み入れる年代への不安や恐れがあるのは当然ですが、いくら心配しても消えることのない将来の不安や恐れは考えても仕方がない。

曖昧模糊《もこ》の可能性に心配や不安を重ね続けると、心身にも悪い影響を引き起こしかねません。

むしろ、ムダな心配はいったん棚に上げ、自分自身の意識と暮らし方を前向きに見直すことが先決です。

「今年も一歩前へ」

いつもそのように年賀状に添え書きしてくださる90歳の知人がいます。

たしかに、何歳になっても少しずつ目標を立て、それに向かって前進することは大切です。日々の生活の質を大事にしながら、自分なりのつつましい簡素な生き方を心がけるだけで、お金の使い方もかなり違ってくるはずです。

徒然草《つれづれぐさ》の作者、吉田兼好《よしだけんこう》は説いています。

「〝衣食住〟、それに〝薬〟の四つが不足し手に入らないことを〝貧乏〟という。

これ以外のものを求めてあくせくするのは〝ぜいたく〟である」
自分の暮らしを質素にし、世の中の欲や利益をむやみに求めないことこそ立派と言える。昔からお金持ちで賢人はまれである。

徒然草の時代も今も、人の暮らし方、心の持ち方は変わらない。
基本的で簡素な〝衣食住〟、それに〝体〟に感謝し気を配り、倹約に知恵を絞る毎日こそ満ち足りた〝心のぜいたく〟かもしれません。

いつも支えてくれるまわりの人々に心から感謝を。

平成30年　師走
（文庫本として令和3年　夏）

沖　幸子

一〇〇字書評

切り取り線

購買動機（新聞、雑誌名を記入するか、あるいは○をつけてください）	
□（　　　　　　　　）の広告を見て	
□（　　　　　　　　）の書評を見て	
□ 知人のすすめで	□ タイトルに惹かれて
□ カバーがよかったから	□ 内容が面白そうだから
□ 好きな作家だから	□ 好きな分野の本だから

●最近、最も感銘を受けた作品名をお書きください

●あなたのお好きな作家名をお書きください

●その他、ご要望がありましたらお書きください

住所	〒				
氏名		職業		年齢	
新刊情報等のパソコンメール配信を 希望する・しない	Eメール	※携帯には配信できません			

あなたにお願い

この本の感想を、編集部までお寄せいただけたらありがたく存じます。今後の企画の参考にさせていただきます。Eメールでも結構です。

いただいた「一〇〇字書評」は、新聞・雑誌等に紹介させていただくことがあります。その場合はお礼として特製図書カードを差し上げます。

前ページの原稿用紙に書評をお書きの上、切り取り、左記までお送り下さい。宛先の住所は不要です。

なお、ご記入いただいたお名前、ご住所等は、書評紹介の事前了解、謝礼のお届けのためだけに利用し、そのほかの目的のために利用することはありません。

〒一〇一－八七〇一
祥伝社黄金文庫編集長　萩原貞臣
☎〇三（三二六五）二〇八四
ohgon@shodensha.co.jp

祥伝社ホームページの「ブックレビュー」からも、書けるようになりました。
www.shodensha.co.jp/bookreview

祥伝社黄金文庫

50過《す》ぎたら、お金《かね》は賢《かしこ》く、心《こころ》はぜいたく

令和3年8月20日　初版第1刷発行

著　者　沖《おき》　幸子《さちこ》

発行者　辻 浩明

発行所　祥伝社《しょうでんしゃ》

〒101－8701
東京都千代田区神田神保町3－3
電話　03（3265）2084（編集部）
電話　03（3265）2081（販売部）
電話　03（3265）3622（業務部）
www.shodensha.co.jp

印刷所　堀内印刷

製本所　ナショナル製本

Printed in Japan　ⓒ2021, Sachiko Oki　ISBN978-4-396-31810-9 C0195